The
Yellow River
Series

民艺卷

黄河大系

王砚 主编

山东友谊出版社
·济南·

乔建业《大河依旧东流去》（局部）

图书在版编目（CIP）数据

黄河大系.民艺卷/王砚主编. -- 济南：山东友谊出版社，2024.3
ISBN 978-7-5516-2952-2

Ⅰ.①黄… Ⅱ.①王… Ⅲ.①黄河流域－民间艺术－文化研究 Ⅳ.①K292

中国国家版本馆CIP数据核字（2024）第039294号

黄河大系·民艺卷
HUANGHE DAXI·MINYI JUAN
王　砚　主编

主管单位　山东出版传媒股份有限公司
出版发行　山东友谊出版社
出 版 人　何慧颖
社　　址　济南市英雄山路189号
邮　　编　250002
电　　话　出版管理部（0531）82098756
　　　　　发行综合部（0531）82705187
网　　址　www.sdyouyi.com.cn
印　　装　北京雅昌艺术印刷有限公司
经　　销　新华书店

规　　格　16开（210mm×285mm）
印　　张　19.5
插　　页　4
字　　数　320千字
版　　次　2024年3月第1版
印　　次　2024年3月第1次
ISBN 978-7-5516-2952-2
定　　价　328.00元
　　　　　如有印装质量问题，请与出版社出版管理部联系调换。

统　　筹：何慧颖
责任编辑：刘敬雅　陈　菁
装帧设计：蔡立国　张　宜　刘一凡
图片编辑：叶香玉

《黄河大系》编辑出版委员会

总　序

"三万里河东入海，五千仞岳上摩天。"百万年如斯，奔腾不息的黄河之水滋润了中华大地，哺育了中华民族，孕育了中华文明。故《汉书》总结道："中国川原以百数……而河为宗。"

2019年9月18日，习近平总书记在河南郑州的黄河流域生态保护和高质量发展座谈会上提出，"黄河是中华民族的母亲河""保护黄河是事关中华民族伟大复兴的千秋大计"，要"保护传承弘扬黄河文化，让黄河成为造福人民的幸福河"。这不仅道出了黄河及黄河文化对中华民族生存发展的重大历史意义和现实意义，也表明党中央和习近平总书记对黄河及黄河文化的亲切关怀和高度重视。

水脉牵系着血脉、延续着文脉。黄河文化源远流长、一气呵成。从甘肃一带的大地湾文化，到中游的仰韶文化，再到下游的大汶口文化，黄河文化多元一体，正如波澜壮阔、绵延不绝的黄河之水，生动活泼，兼容并蓄，既丰富了黄土文明，又成就了中原文明、海岱文明，成为中华文明的主要表征和重要载体。从青海源头，到黄土高原，再到中原大地、华北平原，黄河文化跳跃跌宕，穿越时空，向光而生，气势如虹，"忽如一夜春风来，千树万树梨花开"，绽放出笃厚神圣、繁荣璀璨的文明之花。汉风唐韵，丝路华章，中华文明从这里出发，走向四面八方。

黄河文化催生的思想观念、道德情操、审美品格和科学智慧，蕴含着中华民族深沉的行为准则，对中国传统社会的政治范式、经济格局、文化理念、科技思维等方面有着深远影响。在不同族群和文化交流的灿烂星河中，黄河文化形成生生不息、开放包容的特质，反映在不同时期的典籍史料、艺术作品以及科技成果中，无不以物质形式或精神形式展现出来，并深深影响着人们的社会生活和精神建构。

黄河文化的形成、发展、传承，在不同流域、不同时代、不同族群形成了鲜明的特色，又反映了中华民族千百年来顺应自然、认识自然、改造自然、保护自然的共性过程和结晶，成为中华文明的组成部分和现代中华生态文明的源泉。

正因为黄河的赐予，我们才拥有了世世代代赖以生存的物质宝藏和精神家园；正因为黄河千回百转、勇往直前，我们的文化基因中才有了更加坚忍的品格、更加超凡的智慧、更加鲜明的特性；也正因为文化基因的坚忍、超凡、鲜明，中华民族才形成了熠熠生辉、博大精深的中华文明。

"黄河落天走东海，万里写入胸怀间。"党的十八大以来，习近平总书记立足"两个大局"，就文化建设提出了一系列新思想新观点新论断，形成了习近平文化思想。习近平总书记强调："中国文化源远流长，中华文明博大精深。只有全面深入了解中华文明的历史，才能更有效地推动中华优秀传统文化创造性转化、创新性发展，更有力地推进中国特色社会主义文化建设，建设中华民族现代文明。"

习近平总书记考察调研足迹遍及黄河上中下游九省（区），他将保护黄河作为事关中华民族伟大复兴的千秋大计，亲自擘画、亲自部署、亲自推动黄河流域生态保护和高质量发展，发出了为黄河永远造福中华民族而不懈奋斗的号召。沿黄河九省（区）牢记习近平总书记嘱托，全面加强生态保护治理，着力促进全流域高质量发展，大力保护传承弘扬黄河文化，努力"让黄河成为造福人民的幸福河"。习近平总书记在黄河流域生态保护和高质量发展座谈会上明确指出："黄河文化是中华文明的重要组成部分，是中华民族的根和魂。"在总书记心中，黄河早已同中华民族的苦难辉煌融合在了一起，锻炼出中华儿女的韧性、力量和精神，也为中华民族赓续发展注入不竭动力。

2022年10月28日，习近平总书记考察安阳殷墟遗址，遍览青铜器、玉器、甲骨文等出土文物，细察车马坑展厅商代畜力车实物标本和道路遗迹……总书记感慨道："我们的文化自信就是从真正能证明我们的久远历史中来……"

为深入研究阐释习近平文化思想的科学内涵，推进中华优秀传统文化"两创"工作，以黄钟大吕式作品书写新时代黄河精神，助力黄河文化保护传承弘扬，铸牢中华民族的根和魂，增强文化自信自立自强，建设中华民族现代文明，为中华民族伟大复兴提供强大精神动力，用黄河故事讲好中国故事，传播好中国声音，以高质量出版工程服务读者，奉献社会，山东省策划推出《黄河大系》，在中华文化保护传承弘扬的重要承载区建设方面走在前面并提供山东样板素材，同时，力争以黄河文明为抓手和突破口，在建设中华民族现代文明方面做一些探索。

《黄河大系》从沿黄河九省（区）所共有的文化特色着手，既有对黄河历史、文化、艺术的梳理，也有对民艺民俗及水利、生态等的呈现，既回望传统，又观照当下，多角度、广层次、图文并茂地展现黄河文化的内涵和魅力。

《黄河大系》包括《图录卷》《文物卷》《古城卷》《诗词卷》《书法卷》《绘画卷》《戏曲卷》《民乐卷》《民艺卷》《民俗卷》《水利卷》《生态卷》共十二卷，每卷或为一册，或分为两册、三册不等，整体规模为二十册，三百六十余万字，四千三百余幅图。这十二卷图书内容相辅相成，生动全面地展示出黄河作为中华文明摇篮的丰富多彩、万千气象。这十二卷图书内容不仅关注人类文明的既有辉煌，而且着眼人类文明新形态的创造：从《文物卷》探寻中华文明的源头；从《古城卷》《民乐卷》《民艺卷》探索人类文明成果的创造性转化和创新性发展，为文明的演进生发提供启迪；诗词、书法、绘画这些黄河文明固有的艺术成果形式，也终将如黄河之水内化为中华文明生生不息的天然动力，为推进人类文明新形态建设提供智慧源泉；《水利卷》和《生态卷》则重在探索共生文明，助力生态文明和人类命运共同体的构建……

"周虽旧邦，其命维新"。和合共生，自强不息。黄河，从中华民族厚重深远的精神河床流淌而来，正向着中华民族伟大复兴的波澜壮阔奔腾而去！

"江河之所以能冲开绝壁夺隘而出，是因其积聚了千里奔涌、万壑归流的洪荒伟力……现在，中国人民和中华民族在历史进程中积累的强大能量已经充分爆发出来了，为实现中华民族伟大复兴提供了势不可挡的磅礴力量。"

《黄河大系》的编纂出版是一项基础工程，是一个继往开来、努力探索的过程。我们将以出版《黄河大系》为契机，深入贯彻落实习近平文化思想，落实好习近平总书记在黄河流域生态保护和高质量发展座谈会上的重要讲话精神，立足黄河文明的深厚资源，发扬中华文明的自信自觉优势，为黄河流域生态保护和高质量发展蓄势赋能，为实现中华民族伟大复兴作出贡献。

序

在华夏大地的怀抱中，古老的黄河见证了中华文明的诞生与成长。黄河流域作为中华文明的发祥地，从保存使用火种、观测天文历法、制陶、冶炼、营造建筑到一脉相承的造物文化，融入历史地理、风土人情，成就了中华文化创造力的源流与文脉。

黄河流域的每一片土地都有特定的人地关系，这种关系经过千百年的整合，展现出斑斓纷呈的人文景观。在黄河的滋养下，传统文化以非物质形态存在于人们生活的每一个角落，人们的想象力、创造力如黄河水一般恣肆汪洋。包罗万象的手工技艺，悠久传承的生活美学以及一代代匠人的匠心坚守，记录着岁月的痕迹，见证着黄河两岸生活的变迁。也正是这些"由技而艺"的民间传统技艺，形成了一个民族的元气和凝聚力。

这些出自巧思巧手，又在生活里发扬光大的传统技艺，是黄河流域农耕文化的缩影，留下了往昔岁月的印迹。一碗面，藏着人们对食材的尊重和对口味的追求；一架黄河水车，是逐水而居的人们认识自然、利用自然的智慧成果；一把保安腰刀，锋刃闪耀着人们对材料性能的深刻理解；一幅蜀绣，斑斓丝线描绘的是山水，是花鸟虫鱼，是眼中的大千世界；一个窑洞，不仅是一种居住方式，更是一种融合了历史、文化、生态和艺术等多重价值的建筑美学，体现了人们对空间和形态的敏锐感知和创造力；一张剪纸，古老纹样代代相传，既细腻又夸张，在那种强大的视觉冲击力下，才让人真正体会到什么是"美在人间永不朽"……

黄河流域多样的自然地理环境为各种技艺提供了源源不断的原材料，也塑造了手作的万千形态。例如，陕北地区的剪纸受到草原、沙漠与黄土高原兼具的地理环境影响，剪纸作品多描绘游牧生活与农耕文化的交融场景，风格粗犷而富有生活气息；而临海的山东，出于对海洋的憧憬和崇拜，渔港、鱼虾、鸭鹭、打鱼郎……也就成了当地妇女剪刀下源源不绝的创作源泉。黄土高原的窑洞建筑充分利用了当地黄土资源丰富、气候干燥的特点，才形成这种独特的民居形式；而在黄河下游的农村地区，房屋的门窗上常会有精美的木雕或砖雕装饰，这些装饰多采用当地出产的木材和砖石材料，在其上雕刻出吉祥图案或寓意深刻的文字。正因为自然环境的影响，传统技艺在表现形式和风格上都具有鲜明的地域特色和生命力。

传统技艺离我们很近，近到触手可及、目光所至的寻常物件，无一不有它们的影子；它们离我们也很远，置于漫长的时间之中，徒手创造一丝不苟的美，在如今这个以高效便捷著称的时代，又如同一场旧时梦境。当便捷的工业科技可以快速生产绝大多数生活用品时，那么手艺存在的意义是什么？也许只有当我们花费足够的时间等待一瓶老陈醋的酿成，当我们细细摩挲一张纯天然的楮皮纸时，才会有答案，因为我们在那一刻不禁会思索：这些物品经历了怎样的演变？每一道工序要遵循哪些规则？手艺人在制作的时候，他在想什么？……只有追溯这些问题的答案，才能在不同的时空中完成一次碰撞。所谓以手传心，传递的是历代传承的手工带来的温度和情意，它会伴随着器物本身而存在，并不断递增。对于这些被延伸的时空的感知，以及那些与手艺交流的记忆，将共同构成我们对美的更深入的理解。

而另一个有意思的问题是，工业技术真的能完全取代手工技术吗？以刺绣为例，现代服饰面料上量产使用的大多数都是机绣，论效率，从前一根针，一位绣娘的工作量不可与之相比，但现阶段要说机绣取代手绣，实在言之过早。机绣只能满足非常简单的几种绣法，其原理和技术虽不断革新，却远不如手绣自由。一位手艺非凡的刺绣大师能掌握一百多种针法，随时根据情况不断斟酌变幻，可谓技法无穷，创意无穷。尽管一幅精美的刺绣常耗时数月，动辄数年，而一经出手，作品中展露出的惊人的创造力和想象力，是机器无论如何也达不到的。

古老与未来之间并不一定只有对立。今天，我们无疑处在一个吐故纳新、文化更加多元的大时代，如何在传承与坚守之中进化出新形态、新审美，并不意味着"放弃"，而是另一种飞跃。回首来时路，那些真正的智慧，皆来自土地，起始于民间，传统手工技艺早已是我们文化基因的一部分，是关于我们过去生活的美好记忆，只有回归生活的本质，才能寻找真正的传承与保护的发展路径。

编　者

2024 年 2 月

目 录

第一章

厚朴家园

千百年来，人们在黄河流域这片广袤土地构筑的传统生活是如此丰富多彩，人们用巧思与巧手打造的居住空间、农牧业工具、生活用品等等，无不体现因地制宜的智慧，不仅具有实用价值和美学高度，亦是文化的载体，人与自然和谐共生的理念传承至今。

巴颜喀拉山俯拍　视觉中国

祁连山雨后风光　孙卫邦/视觉中国

家在黄河畔

民居是人们栖息生活的家园，也是最能展现地域本土性的符号，黄河两岸的各个地域拥有丰富多彩的民居类型，皆体现出了鲜明的大河文化特质，古老而厚重。

黄河源头的民居

说到黄河，人们脑中浮现的总是奔流千里、气势磅礴的形象，但它的源头却是另一番光景。

青海省，巴颜喀拉山脉脚下，高山积雪融出涓涓细流，地底涌泉汇成星罗湖泊，斑斓的倒影纳入蓝天白云，水流到远处就是那条汹涌大河，但在此间就只是一片静谧。

雪域源头的黄河只是小水流，两岸不稳定的土地不适宜农耕，水边茂盛的绿草却吸引牛马羊群，在这儿生活的人们也就以游牧生活为主，逐水而居，飘忽不定。

高原的夜晚酷寒无比又时时大风肆虐，牧民们就把从牦牛身上剪下来的厚毛编织成粗毛毯披在身上，这就是最早的御寒手段；再用木棍围成一圈用石块压牢，再把牦牛毛毯盖在搭好的木架上，就做好了一个简易的帐篷，里面暖和又舒适，要搬家时也能轻松拆卸，几头牦牛就能驮走全部家当。在藏族同胞眼中，有能力去独立拆建一座帐篷，才是一个真正有担当的男儿。

巴颜喀拉山　视觉中国

搭建蒙古包　刘铁生/视觉中国

　　在河套平原，蒙古族的牧民们又有另一种帐篷。河套位于黄河流出的"几"字形顶端，这里不像青藏高原那么寒冷，贺兰山、阴山挡住了漫天风沙，使得这儿的草原更加肥沃，帐篷也就做得更加讲究。搭建时先用条木编成网状作为侧壁，再将数块侧壁以圆形连成一圈作为骨架，顶部盖上伞骨状的圆顶，外面用棉布遮盖严实，通常是用透气性更好的白色缎面棉布，再用绳索固定好，这样做好的帐篷更舒适也更精致，有时还会贴上祥云等图案装饰。这种帐篷被称为蒙古包。

　　和牦牛毛帐篷一样，蒙古包同样是游牧民族在草原上四处安放的家，但更加美观且实用，蒙古包四壁没有窗户，但在顶部有个圆形天窗，白天打开可以采光、通风和排放炊烟，夜晚或风雪雨天就用天布盖上以遮风取暖；蒙古包的外观是个类似半球形的穹顶，圆形的结构既有承重力大的优势，也在省料的同时可以最大程度地扩展使用空间。

蒙古族人生活的蒙古包　见龙在田/视觉中国

清晨蒙古包景色　见龙在田/视觉中国

巴音布鲁克草原上的蒙古包 视觉中国

青海民居　视觉中国　　　　　　　　　　　　四川丹巴县中路藏寨的古碉和藏房　视觉中国

黄河上游的住民们不只有帐篷，也会建造稳定式的房屋，其中最有特色的当属庄窠和碉房。

在青海省东部，逐渐宽敞的黄河两岸与河湟谷地已到处都是盛产小麦、蚕豆的田野，这里随处可见土墙围拢的院落，从空中俯瞰就是一个个方框，构图像是华北平原的四合院，但厚实的墙体与平坦的屋顶又体现出一定的高原特征。

这种用土木与石材建成的方形平顶屋子，在当地被称为"庄窠"，也可写作"庄廓"，是青海一带的方言，意思就是庄园。庄窠大多为正方形，四面围着厚厚的土墙，除了正门均不开窗，以利于遮蔽风沙、保留温度与防御外敌。平坦的屋顶则用来扩展人们的活动空间，天气晴朗时屋顶就是晾晒粮食的最佳广场，炎炎夏夜又成了一家人乘凉消遣的好地方。

在青海南部玉树、果洛等地区，藏族同胞居住的建筑多依山而筑，且外墙都用成块或成片的石材砌成，厚度接近一米，外形坚固又扎实，酷似防御用的碉堡，因此被称"碉房"。

仔细观察碉房外墙，会发现砌墙的石头居然没用任何黏合剂，且石材也很少经过加工，完全靠天然的造型互相咬合，看似危险却稳如一体。碉房一般为三层，底层养牲畜或用来储藏，住房都在二层，顶层则是佛堂和晾晒处。碉房外观粗犷，内部却色彩斑斓，客厅经常用蓝、红、绿三色作为装饰，分别象征蓝天、大地与水域；顶层的佛堂则是最五彩斑斓的区域，各种复杂精细的吉祥图案，传递出藏族同胞古老而神秘的信仰。

成片的碉房依照地势高低错落排在山上，如同一幅天人合一的纯美画面。

黄土高原与窑洞民居

行至中游的黄土高原，黄河才真正成了人们熟悉的黄河。两岸厚实的黄土地看不到尽头，河水或直闯切出陡立的山崖，或迂回绕成曲折的湾道，黄土地也被河道冲成破碎的形态，黄土与黄河就这样互相塑造，以磅礴的力量，共同守护这片深沉的大地。

在黄河中游的两岸，窑洞总是难以忘怀的景物，成排或零散的洞口在单调的黄土上开出了一扇扇窗，到了夜间又苏醒为明亮的眼眸，数不尽的洞口是大河两岸最忠实的守望者，挡住了西北冲来的凛冽风霜，留下了积淀千年的苍茫时光。

位于华夏文明的核心区域，窑洞的造型却是对传统民居的颠覆——少了屋顶与墙身的清晰分界线，甚至连木构和瓦面都几乎省略，这种形制似乎有着更为古老的渊源。

回顾百万年以前的时光，人类刚刚诞生，不会使用复杂的工具，肌肤少了毛皮覆盖难遮风御寒，躯干缺乏利爪尖牙时时要隐藏自身，而大自然中的岩洞就是生存栖居的最佳场所，于是人类最早过上了穴居生活。

而窑洞的诞生可确定在四千多年前，也就是新石器时期的龙山时代。山西省的多处龙山时代遗址中都发现了窑洞，如吕梁市的信义遗址甚至发掘出了十二座窑洞遗址，其中六座连

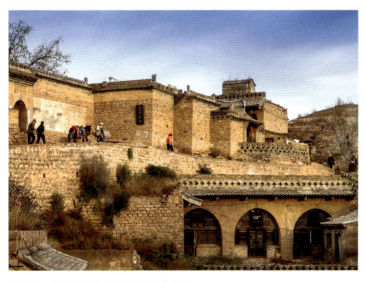

山西临县李家山村窑洞　林云/视觉中国

河北井陉县的一个窑洞　CFP/视觉中国

山西临县李家山村窑洞　视觉中国　　　　　　　　　　　　1992年的陕西窑洞　黄一鸣/视觉中国

成一排，与今天的窑洞已是十分接近。在同一片土地上，穴居与窑洞一脉相承，成了对祖先记忆最为深刻的传承。

窑洞出现并流行在黄土高原绝非偶然，而是人居对自然环境的适应。与青藏高原和内蒙古高原相比，黄土高原海拔并不算高，但千沟万壑的地貌更为支离破碎，好在构成崎岖地形的黄土质地较为松软，比起在上面建造房屋，直接从黄土中挖出洞穴要更加便利省事。窑洞与黄土的关系不只是限制与妥协，实际上也有得天独厚的优势。首先黄土均匀细腻，不需要黏合剂彼此之间就稳定连为整体，加上气候干旱而降水侵蚀少，在黄土中挖出的洞穴就有着天然的稳定结构，无墙倒屋塌之患。而且与砖块、普通砂岩与混凝土相比，黄土有着偏低的导热系数与较高的比热容，也就是吸收或散发同样热量时其温度变化程度更小，这就意味着对于当地寒冷且紫外线强烈的天气来说，黄土有着更好的保温隔热作用。窑洞的结构除了洞口必须朝外，其余各面与顶部都裹在厚厚的黄土层中，窑洞内部无须人工调温就有了冬暖夏凉的居住条件。

窑洞形制最常见的有三种——靠山（崖）式、下沉式（地坑院）、独立式，其中靠山窑为崖面上直接掏洞，地坑院是在平地上向下挖坑，独立式窑洞则是用拱券结构在地面上砌屋，多是针对不同地势因地制宜调整的产物。

晋陕交界处的黄河水流湍急，两岸地形陡峭，平地少而断崖、沟壑多，顽强生存于此的人们也就选择在山崖构筑家园，有时一处山崖还会上下叠出许多层窑洞，如山西临县碛口镇的李家山村，全村就建于近七十度的崖壁之上，从山底到山顶最多处足足叠起了十一层窑洞，当地称之为"上山不见山"。

李家山村的靠山窑还分为最原始的土窑和相对高级的砖土窑：在黄土上直接掏出一个洞，在外面装上门窗就成了最简陋的住宅，这种土窑洞的空间都很狭小，开间窄而进深长，

山西临县李家山村的窑洞建筑群和窑洞宅院庭院　张恺欣/视觉中国

被形容为"一炷香";若将洞穴挖得更宽敞,就需要在洞口包砖来加固,外观上看着也更气派,这种被称为"夹壳窑"或"接口子"。李家山现存的窑洞多为"接口子",简陋的"一炷香"只在村落外围残存数个。

李家山隐藏于大山,但绝不是闭塞之处,山下不远处的碛口是黄河沿线的重要渡口,尤其是清代晋商发迹以后,这里成了沟通上游河套地区和下游内地各省的商品集散地,通常是河套的粮油用船运至碛口,再改用骆驼走陆路输送至内地。李家山人的祖先就多靠着码头发迹,赚到钱后第一步就是升级老家的屋子,才在山中叠起了更多更高级的窑洞。

黄河绕过碛口,往南走最大的转折处就是龙门,这里是三省交界的地带,其东为河南省的陕州地区(今三门峡),陕州之西隔河就是关中平原,黄土在陕州与关中的地貌以台塬为主,也就是悬崖围起的较大高地,台塬顶部往往有一大片较为平坦开阔的区域,悬崖少而平地多,相比靠山窑,"地坑院"在塬上就更加常见了。

黄土高原有这样一句民谣:"上山不见山,入村不见村",分别指的就是靠山窑和下沉式窑洞组成的村落。如果走到一个全是地坑院的村子,不走到地坑也就是院子的边缘,就很难注意到这里还有人家,院子里如果种了树,那也只能看见绿油油的树梢,只有做饭时发现平地里升起了炊烟,再听见几声鸡鸣犬吠,才真切意识到自己到了一处人家了。

比起直接在悬崖上打个洞的窑洞,造地坑院要更加复杂,光是深坑就得往地下挖6—9米,有时甚至要几代人接力才能完成一个完整的地坑。坑挖完了还得把四周掏出一圈窑洞,这样大坑的底部与边缘就成了院子和围墙,进出院落的道路也是在地下挖出来。坑内一周各

河南三门峡市的地坑院建筑　罗浩/大豫网–视觉中国

地坑院冬暖夏凉,挡风隔音,很多老人不愿离开这里　罗浩/大豫网–视觉中国

陕西榆林吴堡古城　视觉中国

个窑洞的安排也非常讲究，通常地坑都是四四方方的，其八个方向分别对应八卦而分吉凶，东西南北即震兑坎离，四个正面为四吉星，四个角落即乾坤巽艮，为四凶星，住人的主窑与大门、厨房必须放在吉星位置，凶星处则只能筑厕所和牲口圈。

独立式窑洞对建筑技艺要求最高，往往是一些较为富裕的人家或官府才有条件建造，因此常出现于一些历史上的军事要地、商贸重镇与城市之中，如陕北、晋中、井陉关等地。建造独立式窑洞的关键在于掌握拱券结构，也就是用砖或石直接砌成圆弧形拱，将其作为建筑的核心支撑结构，代替用木头搭建的梁架。各种以圆拱为结构的"无梁殿"的出现标志着这种技艺的成熟。直到明朝，拱券结构才熟练运用于中国古建筑，独立式窑洞也在明代以后才大量出现。

独立式窑洞真正突破了地形地貌的限制，因此可以运用于更复杂的建筑群中，米脂的姜氏庄园就是由窑洞组成的豪宅，山西、陕西的一些庙宇、书院甚至衙门也会用独立式窑洞当主要房屋。

在一些特殊的地方，窑洞甚至可以用来建造一整座城市。如陕北的吴堡古城，出于军事防御的需求，全城都建在俯瞰黄河的一处山梁上，只有一条道路可以上下进出，这样的地势不便运输建筑材料，只能利用山石，所以吴堡全城的民居、县衙、城隍庙和商业街等，都是由各种山石建成的独立窑洞来布局。

窑洞与黄土高原彼此守护而成就，代表了黄河最为独特又耐人寻味的文化类型，它的建造体现了人们对大自然的随形就势，是敬畏而非征服，真正与天地融为一处。

黄河下游的民居

黄河的下游不再有剧烈的地形变化，河道一路向东冲积为广袤的华北大平原，成了整个流域土地最为富饶、人口最为密集、城镇最为繁荣的区域。

下游作为以农耕为主的平原地带，民居体现出稳重踏实的审美取向与整齐划一的礼仪秩序。四合院成了最常见的形制，既有厚实的院墙保暖阻风，又有开敞的院落更好纳气通风、承接阳光与雨露，主次分明的院落则凸显了严谨的礼仪规范与中庸的伦理秩序。用材和施工也更加精细，屋顶大多铺着整整齐齐的瓦片，墙体采用更坚固稳定的青砖，山东临清甚至成为供应皇家建筑的贡砖的重要产地。

作为朝廷贡品，临清的砖自然有着过硬的质量，而这正得益于黄河的恩惠。临清砖的原材料"莲花土"，即黄河冲积形成的淤积土。由于上游卷入了不同地域的泥沙，到了临清，黄河泥沙同时包含了红土、白土与黄土，最终形成的土质黏度适宜、质感细腻，用其烧成的砖"敲之有声、断之无孔、坚硬苗实、不碱不蚀"。

但黄河下游却隐患重重，大量的泥沙淤积使许多河道成了威胁两岸的地上河，时常的泛滥甚至改道更是带来严重后果，因此历朝历代都将整治黄河视为国之重事，一些地域的民居也为适应危机而变化。

山东聊城的临清贡砖浴火重生　袁培德/视觉中国　　　　临清贡砖非遗传承人景永祥的砖窑　刘世昭/视觉中国

明隆庆三年（1569年）制造的临清贡砖　袁培德/视觉中国

江苏徐州戏马台的户部山古建筑　视觉中国　　　　　　　　户部山古民居庭院　视觉中国

应对水患的最佳方式就是择高而居，中原雄镇徐州曾经也是紧邻古黄河的区域，而明末黄河的一次溃堤使得数米厚的泥沙叠压全城，几乎全被摧毁，只有城南一处名为户部山的高地之上的民居得以幸免。洪水退后，人们居安思危，户部山后来就成了徐州的富人区，不大的山头上豪宅大院扎堆而起，最终形成大宅林立、沿山而居的奇特格局。

户部山的大宅将对安稳的追求发挥到极致，院落布局为了顺应山势而不拘朝向、组合灵活，其建筑都用2—4米高的石头垒成地基，用砖里生外熟更加稳固，有的人家墙上甚至每隔一段都会夹进一块石头，这样的墙体甚至还有在地震中屹立不倒的记录。

但户部山这样的高地可遇不可求，在山东的济阳黄河滩区，人为制造的高地"房台"是当地民众用来防洪最普遍实用的民居形式。在修造屋子前，当地人会先耗费巨大精力和财力垫起梯形的高土台，再把房屋盖在台上。用来盖房的土台就是"房台"，其高出地面少则3—5米，高者可达8—9米。"房台"有的是一户一台，各家自有独立的避水空间；也有几户邻里共用一台的，被叫作"避水台"；在规模较小的村落，邻里关系密切和谐的住户也有共用一台的。

黄河沿线的各种民居，不论是上游的帐篷、土石房屋，还是中游的窑洞和下游各式各样的四合院，最终都是为了适应不同环境，而让人们可以获得安稳平静的生活，是先民们为了追求更美好的家园而共同创造的智慧成果。

尾　声

黄河流域的民居建筑除了形式多样，还擅长运用精细的装饰艺术，如宁夏回族自治区中卫市有着传承六代人以上的建筑彩绘技艺，山西省襄垣县则有别具一格的"炕围画"传统，

山西乡土画师正在创作炕围画
白英/视觉中国

山西乡村记忆炕围画
白英/视觉中国

均是富有古典韵味的独特装饰风格，蕴含着深厚的文化底蕴。

就连看着最为朴实、土气的窑洞，同样有着独到的审美意趣。窑洞的顶部多是圆拱形，其线条流畅符合抛物线的原理，能增加采光和内部空间，在单调的黄土面中勾勒出灵动的线条，使其外观轻巧活泼了不少；窑洞窗面上的图案、内部土炕的贴饰以及入口处的石阶，细微之处也多有妙笔。

以窑洞为代表的黄河民居，是这片伟大流域古老而温暖的家园，最终与奔腾的河水、广袤的大地融汇成中华文明的暖色基调。尽管在现代社会中，高楼大厦日益增多，但黄河传统民居从未因过时而彻底消失，人们越来越认识到这些充满古老智慧的房子更能与周边的生态环境完美融合，许多建筑设计师也将传统民居的元素放进自己的作品中，创造出独特风格。它传承下来的关于家园的美好记忆与温暖时光，也将如黄河般生生不息、长流于世。

山西临县碛口古镇　视觉中国

木刻手作　李现俊/IC photo

案几髹饰宜传家

晋作家具是中国古典家具的重要流派之一。在古代，山西交通不便，人们以本地榆木、槐木、核桃木等木材制作家具。这些平凡杂木雕作的案几箱柜，既入得普罗百姓的家常，也上得晋商官宦的厅堂，在清后期渐成流派。山西亦是我国最早使用天然漆的省份之一。髹漆技艺在山西历史悠远，漆器与漆器家具是山西独特的文化遗产。平遥推光漆器髹饰技艺、稷山螺钿漆器髹饰技艺、绛州剔犀技艺等代表性传统技艺对中国乃至世界的漆艺影响深远。

晋作家具与髹漆技艺皆有质朴敦厚之品格，它们生于黄河流域的中心地带，与三晋文化、黄河文明一脉相承。我们这趟追溯其风华与光泽的旅程，就从黄河边的两棵树开始。

晋作：柴木家具典范

榆树，一种生长快、适应力强的阳性树木，广泛分布在黄河流域。山西人爱榆树，榆钱和上玉米面上锅一蒸，就是老少皆宜的榆钱饭。木匠们则就地取材，用纹理通直、木性坚韧的榆木制作家具。

山西是中国最早制造、使用家具的地区之一。其家具制作技艺起源于秦汉，成熟于宋元，至明清鼎盛。这一时期晋商壮大、贸易扩张，市镇经济的发展乃至建筑的繁盛都为山西家具的创作和发展提供了空间。晋商们在晚年荣归故里，

山西晋中祁县乔家大院家具陈设　视觉中国

乔家大院内景　视觉中国

兴建大院民居，如乔家大院、曹家大院等。他们邀来南方能工巧匠，不吝成本地雕作上品家具。晋作明式家具常被视为中国古典家具的典范。到了清代，晋作家具多仿乾隆时期的紫檀工，雕工更为精进。此后的晋作刚柔并济，既有明式之简约，又添清式之细琢。

　　清晚期，中国家具呈现出明显分支。广作敢于中西合璧，苏作颇具灵秀文气，京作凸显宫廷繁华。三者多取黄花梨、紫檀、红木等名贵木材。晋作则就近采用本土的普通硬杂木，用料有"一榆二槐三核桃，柳木家具常用料"之说。用它们雕作的家具流露着山西乡土气息，供官宦、平民等社会中下层人士日用。晋作虽不及三大流派之盛名，却也堪称北方民用古典家具的典范，被后人称为柴木家具或白木家具的代表。

晋作家具用材敦实厚重，造型朴实无华，以局部木雕见长。在风格上，由于山西北靠长城，南依黄河与吕梁山，历史上与北方民族关联密切，晋作家具有北方游牧民族与中原民族融合后的敞亮气相。在技艺上，晋作不惜工料，一件成品需经20多道大工序、100多道小工序制成。镂空雕刻及镶嵌、龟裂断纹漆、竹木藤三木结构、五彩与描金是晋作的绝活。在分类上，晋作按材质可分为木制家具、竹制家具两大类，漆艺家具、五彩及描金家具皆属前者；按地域可分为晋北家具（塞外风情突出，木质家具为主）、晋南家具（文人气息浓郁，漆艺家具出色）、晋中家具（明清富商云集，家具高档精妙）。

在现代，晋作家具还有一个特点：古旧家具在民间保存较好且存量大。文物鉴赏专家王世襄写于1957年的文章《呼吁抢救古代家具》曾提及中国古代家具的遭遇：1949年前，大量明式家具被外国人买走，1949年后，古代家具被明令禁止出口，大量古代家具因民众文物保护意识淡薄、当时的收藏价值有限，被拆毁用作木料。在这一大背景下，相对而言，晋作家具尤其是晋中古代家具存世较多。究其原因，一是改革开放前，山西地处内陆，交通不便，家具外流量少；二是晋商大院成为庇护所，尤其在近代战乱以及"破四旧"风浪中，这些大院因各类特殊征用而免于纷乱，其中家具亦得到保护；三是在佛、道以及各类民间信仰浓郁的山西，遍布城乡的庙宇道观保留了大量案几供桌。晋作家具传世款式多样，如卷头大案、八仙桌、官帽椅、太师椅、炕桌、佛龛、茶几、香几、柜子等。世俗商贾与佛道信仰的合力庇护，让神圣与世俗两重审美观念融入了晋作家具之骨，使之整体上别有一番平衡稳健、圆润庄严的气度。

20世纪80年代，收藏家与晋作后人都开始深挖这份历史遗存的价值。

中国古典家具市场在80年代末觉醒，以红木为主的宫廷古典家具市场火热。为寻找价格合适且有价值缝隙的新收藏方向，收藏家马可乐的目光转向了山西老家具。当时的收藏市场以材质论高下，山西家具并不起眼。但马可乐相信，中国古代家具的根是以榆木、核桃木、槐木、杨木等硬杂木为主的柴木家具，山西家具正是其中典范。彼时市场经济冲击着人们的金钱与价值观念，大量旧家具被清理甚至抛弃，独辟蹊径的马可乐趁此时机，收入了五万余件山西老家具。1999年，英文版《可乐居选藏山西传统家具》出版，晋作家具开始进入收藏家们的视野。

有人存古，有人创新。也是在80年代，晋作后人曹运建走乡串户，搜集晋作明式家具，

山西临汾工匠在手工雕刻镂空花纹　李现俊/视觉中国

并通过研究实物和寻访老师傅，挖掘失传的晋作绝活。在继承传统的基础上，他创立的"唐人居"通过革新技艺解决了传统家具自然收缩开裂的问题，还设计出不少现代晋作新品，如适应现代房屋高度的新式古典桌椅，以明式圈椅为座、明式轿车辊辘为轮的婴儿车。这也印证了六十多年前王世襄的话："如果我们能做好古代家具的保护、收集、整理、研究工作，对外销家具的设计一定能大大提高一步；同时对新家具的设计，也能有无限的启发。"

晋作家具承载着古今山西人的日常起居，也容纳着山西人的审美情趣、思想观念和礼制风俗。而今，传统家具制作与使用时曾遵照的旧时尊卑等级观念已淡化，它们传承下来的古典生活美学却仍然鲜活，参与着现代中国家居文化的塑造。

髹漆：流光溢彩的黑

在黄河流域，广泛分布的漆树也与晋作家具渊源深厚。它被称为"会咬人的树"，其树皮割开后流出的天然漆会引起人类皮肤过敏或中毒。但正是这位世界公认的"涂料之王"，孕育了生漆文明与髹漆技艺。古语有"滴漆入土，千年不坏"之说。生漆（又称大漆）从漆树树皮内流出并接触空气后，会逐渐从乳白变得金黄，再由红渐紫渐褐，最终变黑。固化后的黑漆对人体无害，具有防腐、耐酸碱、绝缘等特点，是保护和装饰家具的优质天然涂料。髹漆技艺由此衍生。

山西髹艺积厚流光。晋作家具材质稍逊，人们便在漆饰上铆足功力。一些代表性技艺在汉唐已发轫，与晋作家具携手并进，至明清光彩耀目。髹漆技艺是山西传统工艺的明珠，在

生漆正从漆树上流下　视觉中国

陕西大巴山割漆人用树叶收集生漆　贺桐／视觉中国

山西平遥推光漆器工艺绘画　白英／视觉中国

山西文化发展史上地位颇重。1949年后，依托丰厚的髹漆传统，山西陆续成立了八家漆工艺企业。但80年代中后期，随着计划经济向市场经济转型，老厂纷纷遭逢低谷。这一时期，不愿漆艺之光陨落的艺人们挺身而出，逆境中求存续。如今回首，昔日起伏如一层层敷入时光的漆，沉淀出这项古老技艺的素雅光泽。

这种光泽，洒在平遥姑娘出嫁时必不可少的推光漆首饰盒上。平遥的推光漆器与北京金漆、福州漆器、扬州点螺齐名，城中世代流传着"平遥古城三件宝，漆器牛肉长山药"的俗语。平遥推光漆艺在唐代已扬名，清中期到民国初年，又借平遥票号与钱庄之盛进一步扶摇直上。到了现代，以薛金生为代表的非遗传承人将髹饰技艺发展到20余种，并恢复了"堆鼓罩漆"等失传技艺。平遥漆艺将磨光漆面与描金绘画融合，制作以箱柜、桌几、屏风、盘盒为主的漆器家具，代表技艺有描金彩绘、雕刻镶嵌、堆鼓罩漆、刻灰雕填等。嵌入其名的"推光"，是漆器制作中最重要的一环。老师傅一道道地分别推开砂纸、发丝、豆油、细砖灰、滑石粉，以掌心的温度和力道抛磨漆面，使之愈发油润黑亮，再经描金彩绘，让五彩斑斓生辉于黑。

螺钿漆器亦生光彩。这份荧光来自天然贝蚌。贝壳剥层磨制，裁成小片，嵌入漆面，再

精美的螺钿镶嵌图案　IC photo

国家级非遗传承人李爱珍在创作螺钿漆器作品　IC photo

山西运城古老髹漆工艺——绛州剔犀　白英/视觉中国

无器不髹　白英/视觉中国

经金银装饰、髹饰、推光等多道复杂工序，方成一件能自生奇幻光泽的螺钿漆器。螺钿是中国特有的传统技艺，起源于商周，至唐成熟。在山西稷山，明清时期掌握螺钿技艺的匠人众多，为螺钿与漆器的精妙结合打下了深厚底蕴。其现代转折点出现在1986年，彼时老厂衰颓，螺钿微光黯淡。为抢救这项技艺，原稷山县工艺美术厂的工艺师李爱珍成立了漆器生产厂，在螺钿漆器制作与设计上推陈出新，才让它光彩照今。螺钿漆器制作包括选型、制胎、设计图案、髹漆、螺钿镶嵌、推光等几十道工序。一些工序如推光，如今已机械化，但"点螺"这一点睛之笔始终靠手工。不足0.5毫米厚的螺贝薄片被切割成点、丝、片等形状，由工艺师如蜻蜓点水般细嵌于漆底。这些荧光精灵来自淡水湖和咸水湖中的蚌壳、珍珠贝、鲍鱼贝、夜光螺等。当水中螺与向阳木相遇，黑色，从此有了五光十色的梦。

山西的漆艺故事中有相遇也有自守。剔犀就是一场自我蜕变到极致的试炼。在榆木、杨木等木胎上，100至200层黑红大漆以极薄的厚度反复交替涂抹。匠人以"掀""挠"等特制剔刀，如溪水绕弯般在漆面上剔出云钩、剑环、卷草等传统图样，并使细密叠合的红黑漆层断面呈现出"乌间朱线"。因与犀牛角横断面肌理相似，这项技艺得名"剔犀"，又称"云雕""屈轮"（日本叫法）。剔犀漆器之气韵，流转似行云流水，严整如古典造像。器物放置越久越有厚积薄发的禅意。而成就它们的老匠人们因日复一日持刀剔刻，十指指纹几近磨平。绛州剔犀是这一技艺的代表。绛州是山西新绛县的古称。这里传统手工业发达，在清末被称为"七十二行城"。剔犀始于汉，兴于元，盛于明，名匠张凡娃将其从江浙引入绛州，发展出北方特色的雕漆工艺。绛州剔犀技艺几经沉浮。1958年，新绛艺人曾将因战乱失传的剔犀漆艺复苏。到了现代，以何俊明为代表的非遗传承人又将20世纪80年代陷入低谷的剔犀技艺艰难复兴并传承至今。

黄河流域的漆艺不拘于山西，当漆树与各地特色木材结缘，黄河的髹漆技艺各放异彩。

在四川凉山，彝族人认为最上等的原木是"格尼"（桦树，西南乡野多称"桦槁"）和"索玛"（一种杜鹃木）。在由它们制成的木器上，人们遵循对黑、红、黄三色的崇拜，先用黑色大漆上色，再用以山羊胡须和竹子制成的红、黄色绘笔描出牛目纹、鸡冠纹、羊角纹等图案，制成色彩饱满且分明的彝族漆器。而在四川盆地，漆树与楠木、柏木、香樟木、桐木制成的木器结缘，成就了以"三雕一刻"（雕银丝光、雕花填彩、雕漆隐花、拉刀针刻）闻名的成都漆器。至当代，这项漆艺除了木胎，亦有麻布胎、纸胎、塑料胎等品种。在素有"陇上江南"之称的甘肃天水，小陇山林区的天然生漆"白如雪、红如血、黑如铁"。人们用它在松木、桦木、椴木等木材制成的木器上进行髹漆，再经镶嵌与雕刻，形成独具西北浑厚风格的天水雕漆技艺。

在中国诸多装饰技艺中，漆艺算不上异彩纷呈，却幽邃又长情。一棵漆树在整个生命周期仅能割出约10千克的生漆，然而千年前一棵树所产的漆，如今仍有可能留存在黄河某个历史遗址出土的文物上，穿越时光更现素静。古典漆艺行至当代，当中坚世代完成了艰难复兴，年轻一代的传承人正尝试将现代艺术、平面设计与传统工艺碰撞出花火。

过去，先人们砍开一棵树后，能以家具制作与髹漆技艺赋予其新的生命。如今，现代人或已忘却人与木之间古老的情谊，但诞生于黄河边的晋作与髹漆技艺仍在谱写传奇，只要握住黄河文化中万物并育、和合共生的密匙，便能感知它们的生生不息。

河南洛阳王城公园新春元宵灯盏　视觉中国

旧时灯火，曾几番相照

在中国，彩灯的起源与沿用和古老的节日、王朝更迭、地域通商相依相伴，其功能与类型也从实用照明、节日图腾发展成为广告招牌。灯笼一词本就发端于"洛阳宫灯"，其源于东汉、兴于隋唐，而后走入民间、走向全国。至宋代，汴京灯笼曾照《清明上河图》东西二市坊巷，桨声灯影、游人如织。至明清，"汴京灯笼张"历经七代人，将灯笼制作技艺推向顶峰。而与宫灯不同的是，湟源排灯生长于民间，自诞生伊始，便与商贸活动密不可分。它是中国古老的"广告灯箱"，亦是汉藏交汇之地独特地理环境、文化空间下的产物。沿黄河上溯，从洛阳洛河、开封汴河，行至青藏高原湟水，这一段黄河流域的历史变迁中，灯笼、彩灯的起源与发展皆有迹可循。

洛阳宫灯：今夕复何夕，共此灯烛光

唐代元稹《灯影》诗中有云："洛阳昼夜无车马，漫挂红纱满树头。见说平时灯影里，玄宗潜伴太真游。"这描写的便是盛唐之时东都洛阳的三日灯节，平民百姓尽情玩乐，天子携贵妃共游的繁盛景象。洛阳宫灯创自东汉、盛于隋唐，距今已有千余年历史，在漫长的时空流变中，形成了独具河洛地域风情和艺术特色的彩灯文化。

相传，东汉光武帝刘秀建都洛阳，为贺天下太平，便于元宵佳节在宫廷内张灯结彩、大摆宴席，其间灯火交映，各呈艳姿，这便是洛阳宫灯的雏形。那时的宫灯，因为皇家专用精巧别致，不同于普通人家的粗陋，于是就有了专属的"宫灯"之称。而至汉明帝时，洛阳宫灯才从皇城高墙走入了寻常百姓家。据《中国民俗辞典》记载："东汉明帝提倡佛教，于上元夜在宫廷、寺院'燃灯表佛'，令士族庶民一律挂灯。"从此，这种佛教礼仪便演变成为民俗节日。每年的正月十五，家家户户悬灯礼佛，宫灯也从皇宫走入民间，从洛阳走向全国，形成了正月十五"灯节"，如此也才有了"洛阳宫灯"一说。

至盛唐时期，《太平广记》记载：洛阳行宫上阳宫内大摆彩灯，光照宫室，明如白天。时东都工匠毛顺心擅用彩绸打结，做成层高一百五十尺的灯楼二十间，以灯光照射悬挂的金翠珠玉等物，微风徐徐、铿锵悦耳，又幻化呈现出龙螭虎豹飞腾跳跃的姿态，"似非人力"。而宋代欧阳修的《生查子·元夕》中有"去年元夜时，花市灯如昼""今年元夜时，月与灯依旧"云云，其间所述之"灯"亦是指洛阳宫灯。

宋代以后，中原屡遭战乱，元宵节灯会亦逐渐式微，但洛阳宫灯的制作技艺却流传开去、延续了下来，历史上曾涌现出杜、李、王等一批制灯世家。据载，做宫灯最早的是鼓楼

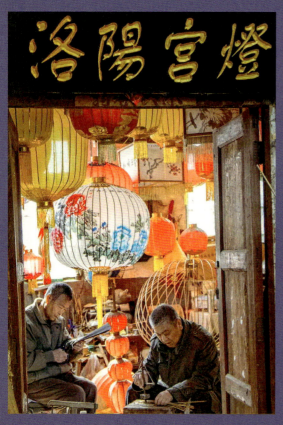

国家级非遗传承人王福信制作洛阳宫灯　曾宪平摄

王福信制作牡丹宫灯　曾宪平摄

杜家。杜家做宫灯始于明朝，到了清初，曾一度中断，一直到清朝道光年间，其家族后人杜占元又重操旧业、开始以做宫灯为生。光绪年间，其子杜振玉"灯体字"写得尤为出色，声名远播、闻动京城，常有官宦人家专赴洛阳，只为购得杜家的宫灯。而居住在老城的王福信一家则是洛阳唯一传承至今的宫灯制作技艺世家。

　　洛阳宫灯发端于宫廷，工艺考究、制作繁复，从制作到成品需经历上灯、捏灯、网灯、糊灯、补灯、描胶、镶灯、洗灯装饰等72道工序。选材用料也十分讲究，其传统主材为洛宁淡竹。更具特色的是，传统的洛阳宫灯极少使用红色，多以白绢或白纱做面。用白是为了最大限度地发挥宫灯作为灯笼的实用性，使其照明很是透亮，而映照于灯面的画作题字也更为淡雅。手作而成的洛阳宫灯，与众不同之处还在于可时开时收、伸缩自若，便于收纳保存。

　　洛阳宫灯在向民间、各地的传播过程中，演变出繁多的品类，其大致可分为张合架纱绸宫灯、拼装架方形彩绘宫灯、拼装架多角彩绘宫灯、玩灯等四大门类。

河南洛阳王城公园春节灯会　视觉中国

　　甚有意趣的是，洛阳宫灯还有着一些适用于专属场景的独特称谓与门类，像"莲花灯"是指在上元节做给孩子玩耍用的一种花灯；而"荷花灯"是皇帝皇后出行时銮驾前面提着的荷花样灯；"手灯"则指大年初一拜年用的照明灯，人们清晨提手灯照路以串门拜早年。另有一种"长命灯"，专指旧时西安一带常来洛阳采购的一种灯。此灯在姑娘出嫁时悬挂于花轿前照明，而后随姑娘去世时陪葬，寄托了祈祝姑娘生活幸福、长命百岁的愿望。

　　洛阳宫灯源远流长至今，不仅曾是旧时皇家宫廷专享，也悬挂于新中国开国大典时的天安门城楼上。20世纪80年代，洛阳"雨伞宫灯厂"更名为"洛阳宫灯厂"，为我国的传统创汇书写过浓墨重彩的一笔。而今，每逢元宵佳节，洛阳家家户户仍有挂灯笼、逛灯市的习惯，还演变出"放河灯""放天灯"等民俗活动。洛阳王城灯展、河洛文化新春年会等，则展示了由洛阳宫灯延伸出来的花灯。繁复、庄正的宫廷范儿正脱变幻化为蓬勃、鲜活的时尚感。古老的洛阳宫灯跨越时空而来，照亮历史的角落，也映照着盛世愿景。

汴京灯笼张：城楼灯影街巷明

　　王朝更迭，源远流长的洛阳宫灯幻化为汴京灯笼，照亮了古城里的东市西市巷弄里坊，灯影里有王安石、欧阳修、司马光、苏轼、沈括、范仲淹的锦绣文章，也照映着汴河上的南北行船、一百六十多家行当、寻常百姓人家的柴米油盐酱醋茶。

作为唯一一个没有宵禁的朝代，北宋诞生了繁华的早、晚二市。其时的汴京城里坊合一，没有营业时间与地点的限制，日夜都向民众敞开。夜市直至三更尽，五更复又早市开，其间人客往来，一派映照于灯笼光影里的繁盛景象。正如《清明上河图》中所描绘的，除却汴渠两岸的人客商贩、勾栏瓦肆、店铺酒家，悬挂于官府民宅之间，各种不同用途的彩灯也被细致入微地刻画，进入人们的视野。

由于北宋时期的手工业和商业高度发展，也促使了"上元闹花灯"十分兴盛。时至正月十五，皇帝不仅会与民同乐、共赏花灯，燃放灯火也是节俗中最精彩的一个环节，这使得北宋成为灯彩文化最为鼎盛的时期。而至元明清时的灯会和灯展，也让彩灯文化向民间化、大众化更进一步发展。

北宋以后，开封制灯艺人和作坊代代相传，且在制作工艺、选料及内容题材上也有发展与创新。开封古城的理事厅街西头，有一座百年院落，如今是一处私人彩灯展览馆。两百年前，这是一家名为"敬文斋"的装裱铺，赫赫有名的"汴京灯笼张"就发端于此，张家人传

汴京灯笼　IC photo

承七代俱在此处制作彩灯。

"汴京灯笼张"世居开封，其制灯技艺始于清末，历代传人均有独特技艺存世。"灯笼张"鼻祖乃清末艺人张泰全，其少年学艺，在书画及装裱方面造诣颇深，他对宋代灯笼进行了深入的研究与继承，并将自己的专长与制灯工艺相结合，成为清代制作彩灯的名家。相传，当时开封城内官府门前及府内悬挂的各式彩灯，大都出自张泰全之手。第二代传人张艺广，善雕版，彩灯图案雕刻乃一绝。据清史记载，光绪二十七年（1901年），慈禧太后与光绪皇帝行至开封，对张艺广等匠人们修葺、装饰的行宫大加赞赏，"陈设华丽，慈禧入内瞻仰一周，俨然有内廷气象，甚为满意"。由此，"敬文斋"张家名声大噪，汴京人赞誉称其为"汴京灯笼张"。传至第六代传人张金汉，则是继往开来，不仅复活了史料里记载的宋代无骨灯、万眼罗灯、珠子灯、马骑灯等，还善利用科技手段设计开发，将彩灯制作技艺推向了新的高度。脱胎于开封大相国寺千手千眼佛的彩灯，便是出自张金汉之手。整盏佛灯高达3.2米，通体用绢制成，千只佛手整齐排列为翼翅扇面，每只手中的佛眼射出柔和的光芒，宛如满天繁星，光彩夺目间映衬出佛像的庄正典雅，观者出神，已入化境。

"汴京灯笼张"第七代传人张俊涛　IC photo

河南博物院展出的"汴京灯笼张"作品 左冬辰/视觉中国

　　源自宋代灯笼的"汴京灯笼张",从一开始便是上得庙堂、入得街巷的物事。其技艺成熟,门类繁多,取材自纸、布、绸缎、木、竹等,不拘一格,品类有宫灯、走马灯、折合灯、云中灯(放入夜空中的孔明灯)、水中灯(放入河湖中的莲花灯、花船灯等),均触类旁通。据说,张家曾收藏着祖上手绘的《宋式花灯图考》,还有记载制灯工艺和传承谱系的文稿,以及上百块灯画木印版,可惜因历史原因,已付之一炬,如今只得其展览馆中一盏特别的木版灯画灯可窥一观。此灯乃全国独一份儿,看上去虽是简单的一盏方灯,但四面的图案却展示了开封木版画"小放牛、大钉缸、小上坟、打面缸"等民间小戏,线条稚拙、气韵生动、色彩喜庆。

　　而至"汴京灯笼张"的第七代传人张俊涛,其人醉心于传统灯笼文化内涵的重新表达,"仅是凤凰的图案,在我的数据库中就能找到好几百种。"给传统非遗手工艺作品赋予新的时代气质,走出乡土市集,进入画廊、去拍卖,是他的愿景。如今,"汴京灯笼张"已恢复制作了汴京褶纸彩灯、大型蜡烛动力褶纸走马灯、汴京木版灯画灯、滚球灯、缀珠灯等各类传统彩灯10余种200多盏。近些年,"汴京灯笼张"还融入了声、光、电的新技术,不仅能制作出高达10余米的巨型彩灯,还有"微型佛像灯",此灯在仅30厘米的空间里展现了荷花绽放中的观音、开怀大笑的弥勒、端坐念经的三世佛。

　　如果说宋代之于五千多年的中华文明,所给予的是审美的底蕴,那么汴京的灯笼所照亮的便是漫长幽深的历史暗角里最为华彩的一部分,是时光深处,国人关于风雅传颂的最华美的梦想。

青海西宁湟源县展出的非遗绘画排灯　祁增蓓/中新社－视觉中国

湟源排灯：映照市井繁华

　　远离中原王朝地界，位于青海省的湟源县，从地理位置上来看，身处青藏高原、黄土高原的过渡地带，亦是农业区与牧区的过渡地带。日月山两侧独特地理环境与气候造就了不同民族的劳作方式和生活习惯，使得此地形成了一种独特的空间场域，即台湾地区学者王明珂所认为的既处于"华夏边缘"，也处于"汉藏之间"的文化形态。

　　湟源县自古便是唐蕃边界线、丝绸南路的交汇点，历史上又是中原入藏的门户，且兼具水陆两种便利的交通方式。湟源县城（旧时称丹噶尔古城）自明末以来便是各族群生活往来和文化交流的场所，亦是游牧产品和农耕产品互补的贸易之处。旧时此地便是商贾云集、人居众多、客流不断。早在清代嘉庆年间，一些山陕客商因丹噶尔古城民族贸易的繁荣，举家迁来，并将内地的流行文化艺术也一并带到了湟源。据载，民国七年（1918年）时，湟源县城共设11家天津洋行，西宁及大江南北的不少商家也俱在此设庄开铺，生意十分红火。到民国十六年（1927年），此地商家已至数百，年贸易金额可达白银500万两。商户们为使自家店面醒目、招揽客人，引用内地灯箱广告牌而制作了灯牌，湟源排灯就此应运而生。

　　根据《湟源县志》记载：湟源排灯首次正式出现于道光九年（1829年）的正月元宵节上。其最初被当地人称作"牌子灯"，随着区域内经济、贸易的发展，各大商号为招揽顾客都在"广告牌"上下足了功夫，使其数量越来越多、个头越来越大。最初的牌子灯还只是悬挂于商

非遗排灯异彩绽放庆元宵　艺义/视觉中国

铺上角，后逐渐发展为有底座且形态不同的牌灯，直到最后其尺寸竟足以横跨街道，于是不得不将之并排摆放，于是演变成了"排灯"。

湟源排灯发展的鼎盛时期是在民国初年。当地富商马有德请丹邑著名木匠李华、樊春芳兄弟专门制作吊灯百余架、排灯5架，由青海绘画大师柴成桂绘制，摆放于关帝庙和城隍庙门口，名号"显美"。当时湟源民众见此排灯鲜活明亮、美丽纷呈，一时间引得各大商号店铺、厅署机关均争相效仿。而后每逢元宵之夜，湟源古城自拱海门往迎春门，每隔十米就有一架排灯，一条由排灯组成的长龙延伸到万安街、张家尕铺；另一条排灯长龙直下丰盛街至火祖阁。其时盛况空前，彩布篷街、排灯齐亮，宛若白昼，颇有雪域高原"小北京"之风貌。

湟源排灯作为商业行为的产物，还兼具汉藏文化的不同风貌。其选材就颇有讲究，有别于轻巧便利、淡雅的宫灯，制作排灯所用俱是好木，尤以红木为其首选。框架上面蒙纱，用料均是苏杭上等丝纱。形态多为方形、卧桥形、梅花形、扇形、立柜形等，大都由双面八格组成，意为"春夏秋冬"周而复始、永葆其年。上框与底座常融合以青海少数民族纹饰、彩绘、雕刻图案。纱窗上所罩图案均由专业画师绘制，或历史故事、神话传说，或湟源名胜、花鸟鱼虫。但排灯作为商品幌子，其形态和图案都得是为商家服务的。如酒家的排灯，店主便要求在灯面上绘制酒食的图案。此乃湟源排灯的独特之处、意趣所在。

至1956年，湟源首次修建了发电厂，从此排灯用电灯取代了蜡烛，这使那年的排灯展出盛况空前，四乡八堡、万人空巷，街头热闹非凡。

远在青海的湟源排灯依托与内地的商贸往来场域，立足于汉族正月十五元宵节的文化，不仅融入了汉、藏、蒙、回等各民族审美元素，近年来还不断地加以声、光、电科技手段予以创新。它最早的实际用途与功能早已被时空轮转偷换，却仍照亮了历史长河中异域文化交流、商贸互通的一段往事，成为独具特色的一项传统民艺。

河南洛阳洛邑古城文峰塔景区夜色　视觉中国

青海贵德黄河水车　微尘/视觉中国

耕与牧的交响

"工欲善其事，必先利其器。"战场如此，生产劳动更是如此。有生产，才有百姓的衣食住行，才有人口繁衍，文明存续。黄河作为中华民族的母亲河，两岸的生产发展是万千黎民百姓生生不息的基础。

黄河中上游地处游牧和农耕的交错带，两种文明相互碰撞竞争，也各自发展生存技能，开发出不同的生产工具。这些生产工具因地制宜，因时而动，人们得以在或丰饶或贫瘠的土地上生产粮食、放牧牛羊，繁衍出不同的民族，形成既有差异又丰富多彩的多元文化。

黄河水车：珍贵的黄河遗存

兰州，地处亚欧大陆腹地，具有带状盆地城市的特征，干旱少雨，黄河自西向东穿城而过。干旱的地方发展农业要靠水灌溉，而有河的地方就有水源。但是用河水灌溉有一个问题，就是河床低，而土地高。黄河兰州段河面距地面有十多米至二十多米落差。在没有电力或柴油水泵的年代，这个落差足以让两岸的人们束手无策。单靠人挑、骡马拉灌溉，效率非常低，需要投入大量的劳动力，种出的粮食都不一定能养活投入的劳动力。人们迫切需要一种又能把水运往高处，又减少体力消耗的工具。

公元1556年，筒车灌溉技术传到了兰州。明朝嘉靖年间，兰州籍的官员段续到南方任职，他在湖广一带看到当地人用一种竹木制的"筒车"灌溉农田。

宁夏中卫黄河水车　视觉中国

这种车有一个巨大的圆形轮子，轮子的边缘有许多方形的桨叶，桨叶入水时可以被流动的水推动，每个桨叶的旁边安装一个向轮轴方向倾斜的竹筒，竹筒入水之后，开口向上，竹筒里就会装满水，竹筒转到高处之后，筒口向下，水就倒进了高处的水槽里。段续受到启发，四处学习筒车的建造技术，还画了图纸。晚年辞官返乡以后，他就在兰州试制这种筒车。兰州不产竹子，木材的性质也和南方不同。北方的水车要使用不易在水中腐坏的木材，还不能太重，他几经试验几番改进，水车的木材最终选定了北方沙地上生长的坚硬、不惧水的老榆木。水车的形制也发生了一些改变，黄河水车要容易被黄河缓慢的水流推动，而不是在南方江河的激流冲击下转动，需要一定的吃水深度和不同的桨叶设计。他做成的第一辆水车被安装在段家滩小南河，后人称之为"祖宗车"，纷纷效仿。

　　黄河水车通常都很高大，巨大的转轮小的十七八米，大的二十多米，水车要有足够的高差，才能把水扬上去。水车的中心轮轴一般有半米粗，车轮上装有二十四根辐条，每根辐条的顶端有桨叶和水桶。由于黄河的河岸大都平缓开阔，水桶里的水不能直接倒入岸上的水渠中，黄河水车配有木制的渡槽，把水引到农田。

水车借用水的推力转动，日夜不停，大大节省了人力，成为一种廉价高效的灌溉工具。它扬起的水可以在高处的渡槽里形成一条不断流的小溪，为高处的农田提供稳定的灌溉，大大缓解了干旱区灌溉土地的压力，使黄河沿岸地区大规模的农业开发成为可能。水车灌溉迅速发展起来，还传到黄河流域的皋兰、白银、泾川、平凉、银川及陕西等地。

黄河水车有单辆车、双辆车和多辆车等类型，一辆水车可灌溉农田七八百亩。大水车的广泛使用，促进了黄河中上游及河套地区农业生产的发展。到1949年，兰州有水车200余架，灌溉的土地达十余万亩，水车之多，是号称"水车之城"的叙利亚哈马市的8倍，是世界上真正的"水车之都"。直到电力灌溉技术普遍应用以后，黄河水车才慢慢退出历史舞台。

勒勒车：蒙古族人流动的家

生活在广阔草原上的蒙古族，选择以游牧为主要的生产生活方式。勒勒车曾经是蒙古族用途最广的交通工具。勒勒车的车轮大、车身小，结构简单，使用方便。草原看似平坦，其实自然的地面高低起伏、坑坑洼洼，一路土质也在不断变化，时而是土，时而是沙，时而是湿地，时而是砾石，这就要求车辆能适应各种各样的地形。因此人们给勒勒车设计了巨大的车轮，这样比较小的沟沟坎坎都可以方便地越过，碰到湿地和沙地也不容易陷下去。

勒勒车主要用牛拉，有时也用骆驼，可以载重数十公斤乃至数百公斤，在游牧生活中，它负责运输蒙古族人的"家当"，一个车队就是一个家。勒勒车的车队里包括：老人和孩子坐的载人车、装食物的车、装被褥和蒙古袍的车、水缸车、牛粪车、一至二辆装蒙古包的车。这七辆车是车队的最低配置，承载着水、食物、衣服、燃料、房子、老人和孩子，走到哪里都可以随时开始生活。而富裕的蒙古族牧民家可能拥有十几辆车的车队，也可能有几个车队。

勒勒车上行李的捆扎也很讲究，既要捆扎得牢固，也要在卸货时容易解开。不同的货物——食品、衣服、毡子、蒙古包有不同的装车和捆扎方法。尤其是蒙古包，蒙古包的外墙木支架——"哈那"可以像卷帘门一样收起来。收好后，一片片顺着它的弧度摞起来，同时还要把毡墙一层层折叠，垫在中间，避免哈那在路上相互摩擦损坏。绳子要拴在合适的位

内蒙古西乌珠穆沁旗的勒勒车与牛   玉希宝/视觉中国

两位蒙古族女孩在勒勒车旁拍照　王希宝／视觉中国

年轻的草原骑士在营地　视觉中国

呼伦贝尔草原上的勒勒车　视觉中国

置，才能把它们捆扎牢固，又不会把哈那勒坏。屋顶的部分可以捆扎在哈那的上面，也可以单独用一辆车拉。蒙古包的屋顶大多是一个整体，支撑穹顶的长杆和天窗用皮绳连接起来，收的时候，就像一个伞盖。

车装好后，除了第一辆车，每头拉车的牛都拴在前车的车尾，第一辆车通常是坐老人和孩子的，女主人步行牵拉第一车的头牛，一车动了，全队都动，一个家就这样缓缓迈向远方。而男人和比较大的孩子则在车队附近管理牧群，负责牲畜的迁移。

游牧的蒙古族人到达目的地之后，也不一定卸下全部的家当，蒙古包扎好，家具、地毯、柜子等东西归位以后，按照不同季节，将一部分食物、衣服、毡子、被褥留在车上。

到了冬季，蒙古族牧民会在雪下了就不再化的时候宰杀牛羊。草原上的冬天有零下三四十度，宰杀的牛羊肉放进勒勒车上的铁皮箱中，自然就冻硬了，可以保存一个冬天。

蒙古族人的家，一半在蒙古包里，一半在勒勒车上。逐水草而居的生活不能没有勒勒车。

马具：马背民族的华丽传承

马具的产生在北方草原文明进程中具有里程碑意义。

在内蒙古科尔沁左翼后旗，马具制作是一项重要产业。最早的马具只是一块搭在马背上的皮，之后逐渐由简到繁，包括马鞍、马笼头、马鞭、马镫、马缰、褡裢（放在马鞍上的口袋）、车马具等多个部分。

蒙古族的豪华马鞍　视觉中国　　　　　　　　　　　　内蒙古赤峰手艺人制作马鞍具　白英／视觉中国

　　"人靠衣装，马靠鞍""好马配金鞍"，一副好马鞍既是重要的生产工具，也是装饰品、艺术品，是游牧民族男子财富的象征。初到草原的人往往只看马鞍，就会忍不住感叹它的多样纷繁。的确，蒙古族所在的每个地区、每个部落的马鞍样式都有各自的特点，从它的用途、造型、材质来看，更是变化多端。

　　马鞍主体由柳木、榆木等打造；笼头、马鞭等采用皮革；马镫、马环等以金属制成；褡裢用羊皮或帆布制成，绣有吉祥寓意的图案。为使马具更精致华丽，工匠会镶嵌玉、石等溢彩饰品，并用大量蒙古族吉祥图案作为装饰。高档马鞍还用到掐丝珐琅、漆艺、金属錾刻、浮雕、错金银、鎏金等装饰手段。也就是说，制作一个马鞍需要用到木匠、皮匠、制毡匠、铜匠、银匠、编织匠，甚至裁缝、绣工等诸多手艺人。

　　蒙古马的马鞍，鞍桥和鞍骨是木制的，是马鞍的支撑部分。鞍骨是两块平行的木板，压

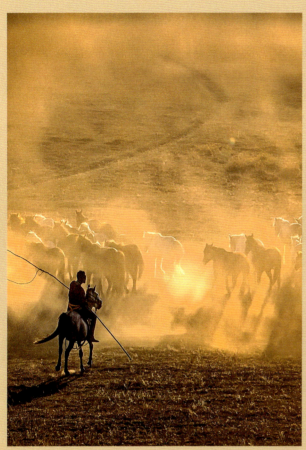

草原上的牧马人　视觉中国

　　在马背的两侧，上面是木制的鞍座，鞍座的前后两端翘起高高的鞍桥。鞍座和鞍桥通常由一整块木头定型而成，前鞍桥的正面和后鞍桥的背面可以雕花，也可以用皮革蒙上。而鞍座与鞍桥的中间部分要整体蒙上一层皮革，皮革的边缘用金属条压在鞍桥最高处，讲究的马鞍，这个金属条会用白银，甚至黄金。这样的鞍子，鞍座狭窄坚硬，鞍桥高，前后鞍桥之间的空间很小，并不利于久坐，主要用来帮助骑马的人稳定在马背上的身姿。蒙古族牧民虽然长时间、长距离骑马，居然几乎不坐着，而是半站在马背上。这也是蒙古马鞍和其他形制的马鞍的一个重大的区别。

　　马的肚带采用传统马鬃编织。马鬃剪下来之后，用一种长方形的摇线工具，如纺锤，将马鬃捻成线。不同颜色的马鬃线用一种类似于编小辫的方法编在一起，编成扁平的、带规则图案的长方条，装上金属的搭扣，将马鞍固定在马背上。

蒙古族人骑马基本上是用双腿夹着马肚，站在马镫上的，因而马肚必须保护好。巨大的皮质鞍翼，就是用来防止骑手的腿和马肚子来回摩擦的。鞍翼的这块皮子是马鞍上面积最大的部分，它常常被装饰得非常漂亮，下半部是皮子的雕花或者皮绣，上半部会装饰雕花的银饰或金饰。

在鞍翼的上方就可以驾鞍骨了。马镫就拴在鞍骨的两侧，铜镫上通常雕刻各种花纹。鞍骨的前后端都坠有和鞍翼差不多长的皮绳，用来捆扎货物。

这样工艺烦琐的马鞍不知道经过多少代骑手和手艺人的合力改进，才变成今天这个样子，每一个细节都极为完备妥帖，人与马都获得了最大的舒适感。

驾驭一匹马仅有鞍子是不够的，还需要笼头、马嚼子、马绊子、马鞭、套马杆。比如说马嚼子，这是两根连在一起的金属棒，后面连着缰绳，马含在嘴里之后，人拉着缰绳，可以控制马前进、停止、转向。所以牧民形容马不听话，常常说这马"牙硬"。

蒙古族人常说："什么人骑什么马。"马的脾气跟着骑手的脾气走。骑手犹豫不决的，马就不爱走；骑手进取心强的，马不用打就跑；骑手性情倔强的，马一般打不得，一打就会把骑手摔下来；骑手懒惰的，要想让马走就得用力抽打……好的骑手很少用马鞭，他握缰绳的方式和身体的姿态就能给马传递准确的信息，马儿会配合他而自觉控制行为。

蒙古马也需要经常解开一身束缚，在草原上奔腾撒欢儿，让它们吃饱喝足，恢复活力，这时要抓住它们就要用到套马杆。套马杆长三米到六米不等，一根好的套马杆要用两三种不同的木头，顶端的细木头上绑一段用羊肠编的绳子，形成一个环。它可以用来套马，也可以用来放牧牛羊。这根颤颤巍巍的长杆伸出去，能在瞬间制服雷霆万钧的奔马，这也是蒙古族人的骄傲。

马具是蒙古族游牧生活的实用工具，也凝聚着手工艺人的聪明才智。马背上的蒙古族借它们驰骋草原，也以它们承载对自由生活的追求。

蒙古族马镫   张居生/视觉中国

内蒙古冬季那达慕开幕式上的套马方队
魏兴东 / 千龙图像－视觉中国

第二章

冶铸传奇

黄河流域冶炼工艺的发展历程，宛如一部波澜壮阔的史诗，浓墨重彩地勾勒出了古代工匠的智慧与创造力。从青铜器的出现，到铜铁合金的制造，黄河流域的铜器冶炼工艺不断取得突破，与此同时，铁器的冶炼技艺，经历了由生铁到熟铁的演变，极大地提高了农业生产力和军事力量。如今，这些冶炼工艺的影响仍然深远，为现代工业的发展提供了重要的历史借鉴和技术支持。

位于四川的九曲黄河第一弯 IC photo

悠悠黄河　视觉中国

炉火照天地

当日光照耀青海巴颜喀拉山北麓的卡日曲，黄河水正从它的源头，海拔4800米的雅拉达泽峰向东倾泻。除了这一路狂涛几纵横的河水，千年以来，黄河冶铸之水亦滔滔不绝。

黄河流域矿产资源丰富，分布相对集中，冶铸技艺的发展有得天独厚的条件。此外，黄河流域陶器烧造历史十分悠久，为冶铸文化奠定了烧造基础。因黄河流域单生矿与共生矿共存，红铜与青铜并行发展，这是中国冶铸技术有别于其他文明的独特文明现象。

冶铸技艺的发展体现在器之多样与艺之精湛。就铸器而言，在人类文明进程中，铜器、铁器是改变人类社会命运的关键性器具，其冶铸技艺在黄河流域源远流长。而就炼艺而言，在以金银为代表的贵金属冶炼技艺基础上，细巧的金银工艺品制作技艺日渐丰富。

无论是炼铁、铸铜这类铸造技艺，还是金银缠绕出的精细工艺，在古代，它们的工序流程没有精准的理化指标，一些关键性技艺全凭匠人从千万次实践中悟出的手感、体感与火眼金睛。若要一窥黄河的冶铸文化，我们需向老匠人借一双慧眼，听着他们挥锤的叮当声响，寻觅金银铜铁的冶铸故事。

铁铜冶铸

山西阳城，犁炉边铁水温度高达约1300℃。老师傅专注地在炉前"看火色""看水色"。这是一种由经验堆积起的炉前控制技术。前者依据出铁口喷出的火苗和炉内铁水判断炉况和铁水成分，后者用长柄小勺舀少许铁水用嘴轻吹，通过观察色泽及表层纹样变化，判断含碳量的高低。

阳城县位于山西东南部一个偏僻山区，然而正是在这里诞生了中国生铁冶炼术的代表作、古老农耕文明的重要遗存——阳城犁镜。

犁镜是传统农具犁上的零件。被誉为"翻地虎""金不换"的阳城犁镜，有利土、耐磨、省力三大特点。它采用铁水直接浇铸进范的方式，形成了从铁范制作、犁炉修筑、炉料制备到鼓风熔炼等一整套工艺。阳城铸犁镜有诸多地利条件。百里之外东冶镇出产含磷高、含硫低、易开采的铁矿，南部山区供给的三寸茬、七寸炭的优质生熟木炭可作为燃料与还原剂。阳城犁镜铸造的历史已过千年，明清时期达到鼎盛。近百座犁炉年产70万片犁镜，细分为400多种形制、重量有别的品类，以适应不同地区土质、作物、耕作技术的要求。

在甘肃永靖，生铁冶铸要看火色，还要选砂料。老匠人凭手感筛出硬度纯度合适、透气性好、颗粒均匀的黄河沙作为制模原料，经设计、制模、合模、化铁、浇铸、抛光打磨、彩

山西阳城郭峪古城夜色　视觉中国

传统农耕工具　视觉中国

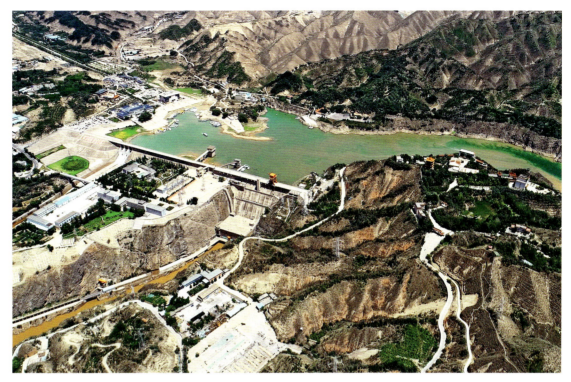

甘肃永靖县城、刘家峡水电站及黄洮交汇美景　视觉中国

绘七大流程，铸造生活用具、农具、法器、人物造像等制品。以钟、磬、铁狮、铁牛、香炉、千佛塔为代表的永靖法器在西北颇负盛名。阳城犁镜冶铸是一地之技，永靖铁器铸造则是王氏一族的金字招牌。王氏炉院至晚明已有多家，清至民国时期，王氏已涉足青海、宁夏多地，产品远销四川、浙江、内蒙古甚至海外。

中国冶铁历史以生铁冶铸的早期发明与广泛应用为特点，形成了不同于西方的钢铁技术体系。铁范铸造是中国冶铸技术的重大发明，比欧洲早1800多年。阳城犁镜恰是铁范铸造的"活化石"。从战国到汉魏，铁范被广泛应用于铸造铁农具，促进了社会经济发展。至南北朝，中国农具才由铸制改为锻制。永靖王氏铁器铸造技艺有600余年历史，虽后进但独特，是传统手工翻砂工艺的活标本。

铁器的两个代表生于农耕文明，铜器的故事则体现出黄河流域农耕文明与游牧文明的融合。

山西大同并不产铜，却"无中生有"地成为中国铜器产地之一。铸铜、制铜技艺在北魏时期才在大同土地上真正地发展起来。北魏时，道武帝迁都平城（今大同）。此后长达97年的"北魏平城时代"成就了大同在历史上的辉煌时期。北魏王朝的到来使铜器需求大增。皇家要用铜器，征战要造铜剑、铜戈，祭祀需铜像、铜鼎。大同便从之前只有少量铜匠之地，在物资交换、征调铜匠的过程中，壮大了铜器制造业。加之北魏王朝要求铜匠终身为朝廷效力、不得改行，以铜匠为首的工匠队伍日益壮大。

大同地理位置优越，东承京津、西接丝路、南贯三晋、北通蒙俄。唐宋以来，大同的铜器已畅销全国，作为日用品、工艺品的铜器得到普及。明清时期，钟楼附近的制铜作坊众多，形成一整条铜匠街。清朝早期，大同府局开炉制钱，在全国制钱局中占有重要一席。清晚期随着对蒙贸易禁令的开放，大同铜器又迎来一次东风。系着大同铜铃的驼队把铜器运往通商口岸。随着这种口子厚、中间空的铜铃声越传越远，北方对外贸易重镇里，大同铜器商铺日益增多。

山西博物馆馆藏晋国文物青铜宝剑　视觉中国

山西晋国六百年文物兽面纹索状耳铜鼎　视觉中国

山西大同博物馆馆藏明代真武大帝像　视觉中国

身穿民族服装的内蒙古乌拉特中旗群众参加祭敖包活动
支茂盛 / 视觉中国

几位牧民手持苏力德参加那达慕开幕式
支茂盛 / 视觉中国

　　大同铜器普及至民间日用的一个代表产品是大同铜火锅。清道光年间的俚语"五台山上观景，大同城里买铜"，"铜"即指铜火锅。它采用上乘黄铜制成，上锅下灶中通风。火锅内里涂锡，可防锈消毒。古代雁北地区的严寒里，铜火锅热气腾腾。铜锅既能保留食物原味鲜味，又有不同方式投放食物，吃法多样。人们对大同铜火锅的钟情延续至今。

　　即便是一口锅，也要经熔铸、切割、焊接、弯曲、穿孔、锻打、錾刻、退火、磨砺等多道工序，其中锻打、錾刻最能体现匠人的技术水平，前者讲究力道与线条，后者平雕和浮雕共进，皆非机器可替代。一件铜锅上有混铜术、錾花技、镂空与镶嵌等多种工艺，即便在最世俗的日常里也光彩照人。

　　若从蒙古族的角度来看与汉族的交流，在内蒙古乌拉特中旗，乌拉特铜器（以及银器）制作技艺体现了蒙古族与汉族之间，游牧文明与农耕文明之间的交流融合。这一技艺产生于明末清初，制品分为饰品与生活用品，如乌拉特妇女的头饰、手镯以及蒙古刀、银酒具、马具等。清末民初，大批汉族移民进入内蒙古，促进了铜器制作技艺的进一步发展。蒙语"乌拉特"就是汉语"能工巧匠"之意。

青海三江源　陈伟斌/南方都市报-视觉中国

炽热熔化的金矿石　视觉中国

炼艺金银

当大同骆驼铜铃响在雁北商路的驼队中，在山东招远，采金汉子们为缓解疲劳，步调一致地唱起劳动号子。

这里是胶东半岛腹地，黄金矿脉遍布全境，仅罗山周边就分布大小金脉2000多条，境内大小51条河流均属砂金富集带。东北部玲珑金矿田更有"亚洲金矿之冠"美名。招远就此成为中国最大的黄金采掘生产基地。

黄金溜槽堆石砌灶冶炼技艺是招远人民发明并传承至今的文化遗产，已逾千年。根据招远境内古坑洞发现的灼烧残迹和采金遗物考证，春秋战国时期招远人已用燔火爆石法采炼黄金。至宋，黄金溜槽堆石砌灶冶炼技艺发明，被写入《宋史》。它采用铁锤、石臼、石磨、石碾、溜槽、簸箕等简易工具，包括破碎、碾磨、拉流和熔炼等多道手工工序。这一技艺奠定了招远在中国黄金生产史上的重要地位。

冶金技艺的特殊性在于，因金本位制，黄金在各朝受国家严控，技术对外保密。另外，选矿和冶炼技艺多凭借个人经验，没有文字记载，冶金技艺一直由少数人掌握。直到鸦片战争后，清政府为筹军饷解除封禁政策，采用"官督商办""官商合办"和自由开采等经营形式，才使黄金溜槽堆石砌灶冶炼技艺得到大规模的推广和应用，并在民间出现了家族传承方式。

山东烟台招远黄金博物馆中的展品
唐克 / 视觉中国

同为贵金属的银器制作技艺更接地气。在大凉山腹地的布拖县，银饰是彝族姑娘的主要饰品。这里是彝族阿都文化（旧时大凉山为阿都土司辖区）保留最原始、最完整的地区，也是彝族火把节之乡。每逢节日，彝族姑娘盛装出席，从头到脚摇曳着熠熠生辉的银饰。银质的项圈、钏、冠、花、腰链、铃、耳坠穿戴在她们身上，如银白月光洒照青山。

除了光彩夺目的饰品，布拖彝族的银器还有酒具、餐具等多种。它们采用錾刻、镂空、镶嵌、吊缀等手法，经铸炼、吹烧、锻打、焊接、编结等多重工序制成。彝族是最早冶炼、铸造银器的民族之一。银匠多为男性，以家庭作坊的形式父子传承。这些器物的纹饰道法自然，从模拟原始图腾，到用点、线、圈组成几何纹样，再到日月星辰、花鸟虫鱼，无不朴实清爽。银光洒向彝族人的日常，如晶莹春雨润泽大地。

铁铜冶铸制品服务于农业、军事与日常生活，而金银等贵金属则更多见于饰品、工艺品领域。

在黄金冶炼技艺成熟之前，三千多年前商代人已用黄金做饰品。春秋战国出现了鎏金技艺；唐代，金银器发展到达鼎盛，技艺成熟、纹样华美、品种众多。随着金银器制作技艺的

四川凉山布拖县火把节上头戴精美银饰的彝族女子　汪世平 / 视觉中国

凉山彝族火把节盛况　李结义　一寒　汪世平 / 视觉中国

四川凉山彝族女子头戴精美银饰　汪世平/视觉中国

陕西历史博物馆馆藏唐代鎏金鸾鸟纹六曲银盘　视觉中国

陕西历史博物馆馆藏唐代鎏金蔓草花鸟纹八棱银杯　视觉中国

湖北省博物馆馆藏明代金累丝镶玉嵌宝石鸾鸟牡丹分心　视觉中国

孔子博物馆馆藏战国鎏金镶玉铜带钩　视觉中国

2008 年北京奥运会金镶玉奖牌　视觉中国

四川成都银花丝工艺品　莫晓/IC photo　　　　　　　　　　银花丝制作过程　莫晓/IC photo

日臻成熟，金银匠人们将鎏金、银花丝、金镶玉等精细工艺推向巧夺天工之境，提炼出许多奇妙"戏法"。

比如汞的消失魔术。山西稷山的金银细工制作技艺与朔州的鎏金技艺，都呈现了汞的消失术。将汞与金箔或银箔按一定比例和泥，涂抹在银或铜制的器物表面，入炉多次烘烤，汞遇热蒸发，金膜或银膜则附着在器物表面。鎏金技术又称"火镀金"。它由古代匠人在对金、银、汞的认知基础上反复实践后发明。古代诸多流光溢彩的器皿与饰物，都是将鎏金技术与锤、碟、刻、镂、掐丝、镶嵌、炸珠等技艺配合制成。

修补也是一种展现古代工匠智慧的戏法。河南郏县"金镶玉"技艺起源于对工艺品瑕疵的掩盖，对工艺品破损的修补。工艺核心在"镶"字。它以汝、官、哥、定、钧五大名瓷及玻璃、紫砂为坯体，以金、银、铜、锡为镶料，经冶炼、镂雕、镶嵌、抛光等二十余道工序制成金玉相映的工艺品。2008年北京奥运会的运动员奖牌是这一技艺绽放的代表。

金生辉，银素雅。成都银花丝工艺用素银作画，尤重平填之法。成品的形状、光泽与立体感全凭银丝的粗细、稀密达成。无论平面还是立体造型、制品形状大小如何，银花丝匠一律采用无胎成形法，用素雅的原料，考究的工艺，造虚实相间，化玲珑剔透。

"炉火照天地，红星乱紫烟。"诗人李白在《秋浦歌十七首》的第十四首中刻画了古代冶炼业热火朝天的历史画面。无数次的敲打锤刻中，黄河匠人们将各地各族人的文化心性、审美取向融入器物。冰冷的金属经人之手，过火之淬，铸成今日的非遗宝藏。

流光溢彩的打铁花表演　时补法 / 视觉中国

　　这些国家级非物质文化遗产项目之中，招远金矿的重力选矿法仍在冶金业采用，始终是中国黄金采冶技术之基。也有一些技艺曾在历史中遭遇低谷，如山西阳城生铁冶铸技艺随着社会经济转型，尤其是机耕的推广而萎缩。

　　金水也好，铁水也罢，只有流水不腐。从传统农耕与游牧文明中走来的非遗，正在适应现代社会的需求，朝着日用品艺术化、工艺品日用化的方向转变。大同铜火锅可以追赶火锅文化、夜宵江湖与围炉风潮，永靖生铁冶炼则从铸器转到展艺，将打铁花发扬为活态的民俗表演项目。打花打花，越打越发。打铁花曾是铁匠人冶铸之余娱乐的花架子。正因它自身的娱乐性与展演性，打铁花更易融入现代社会，成为一种载着祈福纳祥的愿望、载着文化传承意义的地方特色娱乐活动。

　　空中火花绽放，映照古时炉火，传统技艺也将循着不息黄河水，在当代炼化光彩。

河南省洛阳市隋唐植物园元宵节民俗打铁花表演　视觉中国

山西运城风陵渡黄河美景　视觉中国

山西运城风陵晓渡和风陵渡黄河铁路大桥　丁俊豪/视觉中国

健儿喜弓刀

一窥黄河文化的方式很多，要寻浪漫飘逸的一种，不妨从刀光剑影入手。一个有着中式传统武侠幻想的人，对黄河必有情结。比如，金庸武侠小说中备受青睐的角色郭襄，就在黄河之畔风陵渡口与杨过初见；诸如黄河老祖、黄河四鬼等传奇人物亦散见于武侠世界。黄河，似乎与刀剑武侠梦总是相连。

回到历史现实，滔滔黄河往事中，自然有光影如虹的剑，划破长空的刀。中国最早的青铜刀在甘肃临夏出土。这把"中华第一刀"证明，三千多年前黄河流域的先人就已制作兵工用具。此后，保安腰刀、棠溪宝剑、白玉藏刀、蒙古角弓等古代弓刀的出世，更让后人"狂笑一声，快活一生"的武侠梦有了历史可依。

以刀剑、角弓为代表的古代兵工制造技艺，铸就了中国古代金属铸造与兵工制造的历史。无论是向冷兵器时代溯源，还是在武侠梦里寻根，后人皆可在黄河文化的这条支流中酣畅巡游。这是黄河赠予我们的独特遗产，它曾最具现世锋芒，又激荡着侠义幻梦。

磨砺剑气生

黄河边的第一场梦，舞剑。舞的是《资治通鉴》所载"有天下之利"的棠溪宝剑。

出土于甘肃临夏的马家窑铜刀　视觉中国

河南省西平县是远古柏皇氏的徙居地。这里有一处因两岸生长棠梨树而得名"棠溪"的地方，铁矿资源丰富，溪水富含微量元素，用来淬刀剑可助其坚利，遂成为西平地区最为兴盛的铸剑地。这片风水宝地冶铁铸剑的技艺始于西周，盛于战争频繁、急需刀剑的春秋战国。《战国策》曾记载，"韩卒之剑戟，皆出于冥山、棠溪……"自春秋以降，大批冶铁铸剑工匠汇聚于此。棠溪地方传说中，铸剑大师干将、镆铘等也曾造访西平。此后这里成为历代王朝冶铁与兵器制造的军工重地。鼎盛时期，古棠溪冶铁区方圆达480平方千米，工匠人数达7000人之众，炼炉有1000多座。

然而，这场铸剑传奇在唐代元和年间，遭遇了一场毁城池、戮工匠的炉火之殇。棠溪冶铁铸剑业骤断，火烬灰冷人尽散。一晃千年已过，与这段辉煌冶铸史密切相关的地名，如冶炉城、铁炉合庄等，连同"棠溪剑""干将镆铘"等民间传说，仍在棠溪延续。河南省西平县酒店乡酒店村冶铁遗址被学者认定为"世界上发现存世最早、保存最为完好的冶铁遗址"。

现代棠溪人面对"此地空余黄鹤楼"的旧梦，励志在遗址上复原古技。20世纪80年代的一个夜晚，挥泪如雨的高庆民奔向父亲，两代人复燃棠溪剑火的梦，在这一夜终于化成一柄削铁不卷刃的真剑身。如一条忽然醒来、春水破冰的河，棠溪宝剑的近代史得以在黄河边复写。

在1987年恢复生产的棠溪剑，具备了传统棠溪宝剑的四大特点：强、硬、韧、弹，能弯曲90度而不折不变形，既有浩然之气度，又兼顾了古典的美感。它以青铜铸剑，经制范、调剂、熔炼、浇注后，再历千锤百炼反复锻打，之后还需粗磨、细磨、精磨、研磨等工序以及制鞘、雕刻、饰件等配套工序，才可剑成。高庆民复原的铸剑技艺共有大小300道工序，其中锻打与淬火是棠溪宝剑铸造工艺中最关键的一环。

宝剑再醒，寒光不减，硬可断铁，利可削发。这一梦从冷兵器时代跨越至现代，复活后的棠溪宝剑已敛去了锋芒，不再工于战场厮杀，而是作为一种传统文化符号，承载起人间正义、镇恶除邪、祈福纳祥等文化内涵，或是铸成具有当代历史纪念意义的重器，作为非物质文化遗产珍品供展览、被收藏。2001年，高庆民铸造了"中华第一剑"。它是战国时期棠溪古剑文化的再现，剑身、剑鞘、护手等处雕刻有传统的夔龙、神兽面、饕餮、凤等图案。此剑被中国国家博物馆永久收藏。

河南省西平县工匠在宝剑上进行錾图修饰　周波／视觉中国

高庆民铸造的"棠溪宝剑" 周波/视觉中国

剑魂永存。宝剑光鉴寒霜,灵气逼人。每一把剑都有生命,当一个现代人追寻故梦来到棠溪宝剑前与它对视,仍有震慑魂灵的剑气静静拨动他的心神。古剑的生死传奇仍能唤起世人对于义与勇的追求。

腰间宝刀寒

第二场梦,挥刀。十八般兵器里排名第一的刀,是人类使用最早且最普遍的冷兵器之一。黄河流域的刀锋传奇并非仅流传于战场,无论是甘肃的保安族人,还是四川、青海的藏族同胞,他们的刀可防身也广泛用于日常,既能买卖谋生,打通一族经济命脉;亦能切肉宰羊,做便携好用的餐具。

古典评书中,说书人总以惊叹口吻描述宝刀削铁如泥、吹毛断发。在甘肃积石山的保安族,刀匠若试刀锋,就从头上薅几根头发横放刀刃,再轻轻一吹,发丝即断。保安族的形成渊源众说纷纭,其中一种与保安腰刀制造历史相关。据传,元代时一部分来自中亚的官兵与工匠留在了青海同仁地区,这部分色目人与当地蒙古、汉、回、藏、土等各族人民比邻而居,在交流融合中逐步在明代形成了保安族。族群中许多人从事手工艺生产,铁匠主要制作土枪、弓箭,一脉相通的冶铁技术为他们制刀奠定了基础。此后他们迁徙到甘肃积石山大河家一带,开始以冶铁制刀为业,用其交换日常用品。保安腰刀实现了从防身兵器到买卖用商品、日用品、装饰品的转变。

工匠正在制作保安腰刀　IC photo

保安族腰刀展品　视觉中国

保安腰刀制作过程　杨艳敏/中新社－视觉中国

保安腰刀制作现场　曹志政/IC photo

　　传统保安腰刀的制作工序多达40至80道。反复锻打的铁劈开后加钢，再淬火而成。加钢、锻打、淬火都是至关重要的过程，一把保安刀是否能刚韧相济取决于此。打制腰刀是保安族人重要的经济活动，他们将金属匠人称为"果尔"。果尔锻刀，也锻人，"锻"除暴安良之义，也"淬"勤劳乐观之风，并将这些价值融入保安族对伊斯兰教的信仰之中。保安腰刀制作技艺不仅巩固了保安族的生活与文化之基，也使中国金属工艺内容更丰富。

　　保安腰刀种类繁多。最具传奇色彩的一种是"波日季"。保安族传说中有一位叫波日季的青年，因不畏强暴，扶弱济贫，失去了右手。于是波日季刀上都有一只手的图样，以为纪念。最漂亮的是"什样锦"，其刀柄镶嵌五彩配饰，精致华丽。

　　能与"什样锦"媲美的，是藏族的女式藏刀。这种呈月牙形的藏刀在雕花之余，还嵌有珊瑚、绿松石、玛瑙等装饰，也是一种极具观赏价值的藏族手工艺品。在黄河流域，藏刀以青海玉树的安冲藏刀、四川甘孜的白玉藏刀为代表。

　　白玉藏刀历史悠久，最早可追溯到公元7世纪唐代初期。在流传广泛的格萨尔王传说中，

四川甘孜嘉绒藏族康巴汉子佩戴藏刀　视觉中国

白玉县河坡乡以生产兵器闻名，有"格萨尔兵器库"之称。而安冲藏刀的产地玉树地区在吐蕃时期也是铸造铁质兵器的重地，有"铁王"之称。

藏刀的刀身以钢材锻制而成，另有丰富的加工材料，如银、铜、铁、鲨鱼皮、牛角、玛瑙、木材等。制作过程含冶炼熔化、模具翻铸、敲抠大形、刻花镶嵌、焊接组合、加固、锉磨整形、精雕细刻及镁洗抛光等多重工序。一些藏刀匠人还会在淬火时溶入酥油、动物血和药材藏青果等。藏刀的装饰工艺技法多样复杂，如镂空、浮雕、镶嵌、錾刻等。纹样有龙、凤、花草、法轮、宝瓶和几何形等。

藏刀的制作技艺多在家族内部传承。藏族同胞将藏刀称作多功能的"三用刀"。它是自卫的利器，是生产生活不可或缺的日用品，更是一种锻打精致、镌刻华美的装饰品。无论男女老少，藏族人民都习惯带把藏刀。

风劲角弓鸣

第三场梦，弯弓射大雕。请化身蒙古族儿女，携箭马上驰骋。

古代蒙古族男子自幼就有一把弓，从人不及弓高，到引弓骑射，再到亲自制作弓箭并把技艺传给后人，弓箭是蒙古族人的随身武器、健身工具，也是陪伴他们一生的护身符。蒙古族最早使用的远程工具就是弓箭。在蒙古国及我国内蒙古地区出土的新石器时期箭镞与古代岩画证明，蒙古族先民在旧石器末新石器初就已使用弓箭。牛角弓是传统弓箭的代表，其制作史最早可溯至匈奴时期。它由弓箭发展而来，利用了杠杆原理，且比弓箭更有韧性。

牛角弓的制作过程像一场蒙古族人向天地万灵问道的仪礼。弓里部位的牛角用水牛角、岩羊角；贴在弓外的牛筋用春天瘦牛的筋；胶用鱼鳔、猪皮、马皮等熬制的膘胶；外层贴蛇皮或桦树皮；弓箭尾翼用老鹰、秃鹫等硬度高的肉禽羽毛，并用牛筋丝固定；弓胎用弹性好的竹、桦木、荆木等。

汉族儒家崇尚"射以观德"，而蒙古族射箭是在草原上自由生长的游艺。进入现代社会，使用牛角弓射箭是内蒙古那达慕大会的重要项目，也是蒙古族人民喜爱的一项体育活动。它的历史细节、制作工艺、比赛规则，在内蒙古师范大学的挖掘回溯中得到完善与发展，中国古代弓箭的巅峰之作因此重现锐意。

工匠制作白玉藏刀　视觉中国

女式藏刀　IC photo

蒙古族弓箭　丁根厚/视觉中国

蒙古族人与弓箭　刘兆明/视觉中国

手中握箭　视觉中国

　　渔猎为食，以车马为家，常年的迁徙生活，不仅造就了蒙古族人彪悍强健的体魄，也培育了他们弓马娴熟的技能。他们视弓箭为生命，宁可丧生，而不失弓箭。传统的蒙古族人以男人拉弦张弓的能力来定社会地位和职位。拉满弓者更是英雄人物，在蒙古族历史中成吉思汗、哈布图哈萨尔、哲别都是神箭手。蒙古族射箭比赛是那达慕大会最早的内容之一，射手身穿彩袍，脚蹬马靴。静射比赛，众射手盘弓搭箭，一齐射向靶心，凡是射中的，靶心自行脱落，观者一片喝彩。骑射则更为壮观，骑手多达数百人，一声令下，骏马奔腾，健儿们于颠簸的马背上拿弓、抽箭、搭箭、发箭，一气呵成，箭矢疾如流星，呼啸而发，比拼的是好眼力、好臂力以及娴熟的马术。

　　角弓是蒙古族人游牧生活的实用工具，也凝聚着手工艺人的聪明才智。马背上的蒙古族借它们驰骋草原，追求如风般的自由，它们至今仍以日常运动、娱乐项目的形态活在草原。谁有策马奔腾忘记人间烦忧的梦，都能在内蒙古草原上让其成真。

　　这一场始于黄河边传奇英雄色彩的武侠梦，收尾于多民族的历史智慧与日常风情。梦起，尚在黄河流域的冷兵器时代；梦醒，刀剑光影在现世的际遇各有不同。

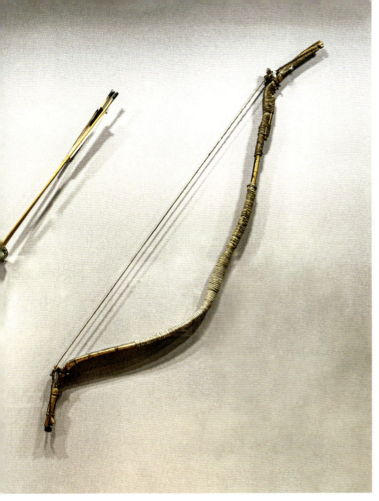

内蒙古赤峰博物馆馆藏清代弓箭与箭壶　陈永年/视觉中国　　　　　弯弓竞射　视觉中国

　　随着传统手工业向机械化、半机械化发展，这些农耕文明与游牧文明的奇工巧艺都成为国家级非物质文化遗产项目。腰刀与藏刀仍分别是保安族、藏族牧民的随身配器；棠溪宝剑敛去寒光，化身现代工艺重器；骑马与射箭则成为草原上喜闻乐见的蒙古族运动与娱乐项目。

　　不知少年站在棠溪宝剑旁，心底是否会生出对剑走江湖的神往。当人们身处现代社会回溯这些冷兵器时代的刀光剑影，曾经残酷的兵戈相见意味已散，召唤起的更多的是一种抽象化、浪漫化的侠义之梦，以及各族人民对公平与正义的追求。随着侠义梦从英雄传奇走向兼济天下，这些古典的兵工制作技艺也汇入了黄河文化体系，汇入了中国人刚正不阿的精神与家国天下之意识。

蒙古族牧民在那达慕大会上赛马　刘兆明/视觉中国

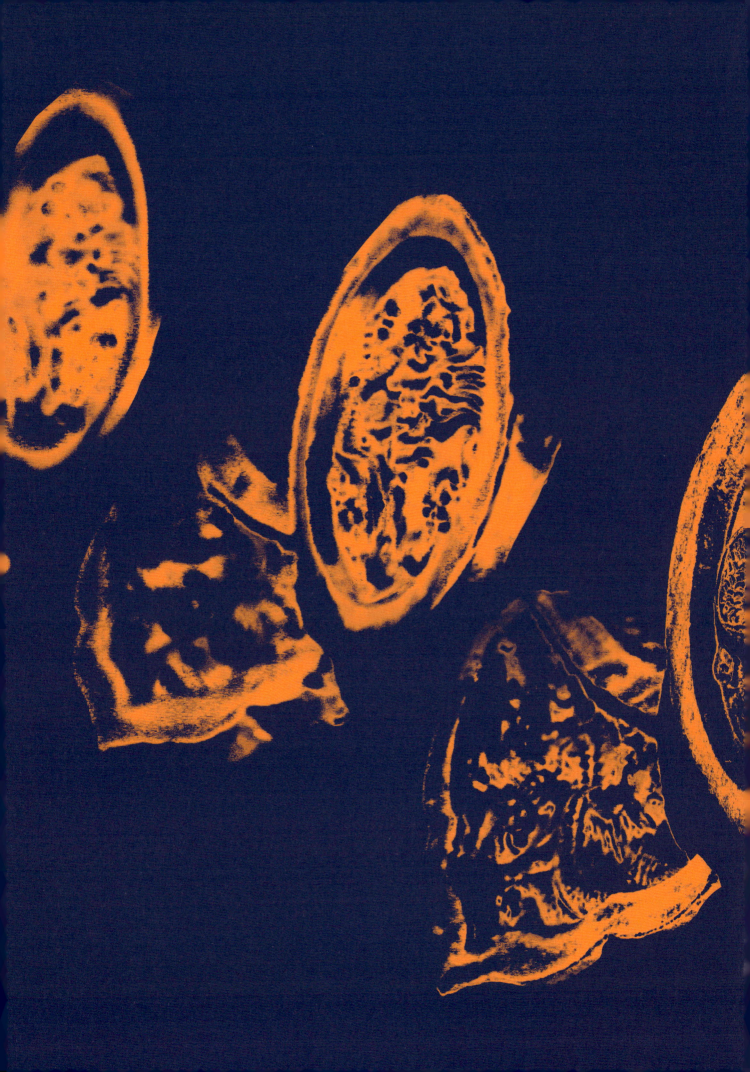

泥与火的淬炼时光

第三章

黄河流域的陶土与瓷土经过一代代匠人之手的巧妙雕琢，最终化为一件件精美的艺术品，在烈火中将生命的印记烧制成永恒。

从新石器时代晚期开始，黄河流域的先民们便开始了制陶的历程，精美的彩陶装点了单调的原始生活，后来居上的瓷器则以细腻、白皙的瓷质和精湛的工艺著称于世。

诞生于黄河流域的陶器、瓷器拥有独特的审美观念和工艺水平，它们是中国古代陶瓷艺术的精髓所在，每一个纹样，每一件器皿，都蕴藏着极为丰富的历史信息，无言述说着另一个时空的点点滴滴。

山西忻州五台山菩萨顶　视觉中国

陕西西安半坡遗址出土的云纹彩陶盆　袁欢欢/视觉中国

泥间那一抹远古斑斓

当祖先学会耕种和缫丝，也就意味着人类开启了新生活的篇章，远在公元前6000年到公元前3000年间的新石器时代，人们从"逐水草而居"过渡到"依水畔而居"的生活方式，在安居乐业的日子中，他们的创造力得到了释放和实现，开始尝试就地取材，用双手捧起大地的黄土，和着江河水，捏塑出了形态各异的玩意儿，放入地上浅坑内，覆盖草木久经火焰淬炼，便诞生了新的生命。

黄河流域也吸引来众多祖先，他们依附黄河水而生，黄河水冲刷过后的泥土黏性极好，他们用双手将水和入泥土，不一会儿便挤压捏塑成形，创造出各种器物；有的人将泥土搓成泥条，围绕着盘筑而起。这门手艺变得熟练之后，祖先也开始追求效率，就借助旋轮拉坯成型，成形的坯体堆放在一起，经过火焰炙烤，温度甚至达到了1000度左右，泥土质地开始变得密实，坯体也逐渐坚硬，陶器就此诞生。

从风吹土扬，再到柔软和坚硬，就像是人类的指尖施展了魔法，一抔黄土变成了一件器物。祖先用它们盛装食物、装点居室，或者举行盛大的典礼，祭祀神明。日子久了，人们将对生活纯粹的热爱倾入一抔抔黄土，抟土成器，用源源不断的创造力，塑造丰富的精神世界。

红陶：彩绘流淌的创造力

黄河流域是中国彩陶最盛行的地方。考古学家在华夏文明的中心河南，发现了最早的彩陶，距今大概也有 7000 至 8000 年的时间了。裴李岗文化所孕育出的陶器中，有长着三只足的陶钵，在当时，这样形态的器具大概是绝无仅有的一大突破了，人们为了将器具稳固地安放起来，估计费了不少脑筋。紧接着，仰韶文化又诞生了，大批彩陶自打重见天日起，就不断震惊着世界，考古学家也就以彩陶的发现地——渑池仰韶村命名。

大概是不甘心用最原始的泥土限制想象力和表达，远古时期的祖先们已经发现了大自然中的色彩密码，他们会用黑、红、白、褐、赭、橙黄等颜色的矿物质颜料在陶坯上画出想象中的世界。有的人相信万物皆有神灵，于是画下龙、鱼、鸟，这被后世称为原始的图腾崇拜。某件出土陶缸上的图案是为了纪念死者的功劳；外壁上的白鹤衔鱼，分别代表着一胜一负的两个氏族；而那把石斧则是最权威的象征。

于是，我们便将那些绘有美丽图案的陶器统称为彩陶，又将用褐色、橙黄色、灰色、黑色等多色泥土，再掺杂上各类沙粒等粗颗粒烧制出的陶器统称为红陶。

在祖先做出大大小小的瓶瓶罐罐，尝试了各种器型的创作后，又开始探索工具带来的延展性。他们开始用拍印、堆纹、雕刻、镂空来装饰器物。通过拍印，器物身上的泥土能变得更密实，而堆纹则有加固加厚坯体的功能。人们对陶器的热爱远不止于此，陶坯烧成器后，人们还会用兽骨、石头等打磨陶瓷外壁，让陶器外表变得更为光亮润泽。

仰韶文化就此绵延了两千余年，沿着黄河的流淌，彩陶的身影也出现在陕西、山西、内蒙古、甘肃等地。在陕西、河南、山西交界地，庙底沟类型出现了，最常见的样式是在红色陶坯上用黑、红色绘制花瓣、方格等植物和几何纹样，繁复一些的便是富有生趣的蛙纹、鸟纹；在西安，出现了半坡类型的陶器，猪、羊等常见的牲畜也被画了下来，据说半坡人以鱼为祖先，于是就在陶器上画下了人面衔鱼的奇特纹样。随着时间的累积，人们创造出越来越多样的器物，盆、钵、壶、瓶，有的似小船，有的像孕妇，再装饰上动物纹、几何纹、植物纹，仿佛灵感乍现的艺术家，运笔、设色瞬间一气呵成。

彩陶文化的顶峰，要看向分布在甘肃中部、青海东北部、四川北部和宁夏东南部地区

半坡遗址出土的人面鱼纹彩陶盆　左冬辰/视觉中国

半坡遗址出土的鹿纹彩陶盆　王建安/视觉中国

甘肃省博物馆馆藏鲵鱼纹彩陶瓶

余水兵/视觉中国

河南博物院展出的花瓣纹彩陶钵　视觉中国

陕西宝鸡北首岭出土的交错三角纹彩陶壶

视觉中国

半坡遗址出土的鱼纹彩陶盆　王建安/视觉中国

甘肃临洮马家窑出土的舞蹈纹彩陶盆　视觉中国　　　　甘肃省博物馆馆藏漩涡纹彩陶罐　视觉中国

的马家窑文化。这里的陶器表面光亮、线条如漆，画下的动物多被人们神化，富有神性。发现于甘肃临洮马家窑村的马家窑类型彩陶，以手拉手舞蹈纹闻名，人物神态生动，引人入胜，线条和圆点组成的图案极具装饰效果。双耳罐、长颈壶是甘肃和政半山类型中最经典的器形，此时人们已经能很好地控制窑温，烧制的器形和图案都趋于稳定，二方连续的构图搭配上网纹、菱格纹、三角纹，是中国艺术中极富冲击力的创造。鱼蛙图案大概曾经是最受人们追捧的潮流，人类天然渴望子嗣绵延，便画下了多子多孙的寓意。马厂类型来源于青海民和马厂塬，这里发现的壶、罐、盆多有双耳形态，黑红色兼用的装饰纹样别致引人注目，看来，在陶罐上造型的功底此时已经不同凡响。

黑陶：礼乐之色

有红陶，自然也有黑陶。在中国传统文化中，红和黑大概是最典雅大气的代表。黑陶是在强还原气氛（即在窑炉中烧制时，窑内空气供给不充分、燃烧不完全的情况下产生的一种火焰气氛）中烧制而成，烧制温度比起红陶要求更高。

山东人烧制黑陶历史由来已久，可上溯到公元前2600年到公元前2000年的龙山文化。龙山文化得名于山东章丘龙山镇，匠师在这里制作黑陶，主要取材于黄河下游冲积平原的泥土，细腻、无沙、黏性好，制作而成的黑陶胎体细腻、薄厚均匀。同样得益于黄河冲刷沉积土壤的还有山东临清的贡砖，凭借"敲之有声、断之无孔、坚硬茁实、不碱不蚀"的特性，成为修筑北京古城的重要材料。

黑陶大致分为泥质黑陶、夹砂黑陶、细泥黑陶三种，质地粗细有所区别。匠师制作黑陶，要先借助快速转动的轮盘，将泥土拉制成形。不同于彩陶，黑陶上极少采用手绘装饰，

山东博物馆馆藏蛋壳黑陶高柄杯　山东博物馆

偶尔会用刻划纹样，或者雕出镂空造型，待整坯制作好后，匠师还会对黑陶外表抛光打磨，使器物呈现光泽感。这总能让人想起舜和禹尚黑，喜爱将祭器涂成漆色的传说。低调的装饰技法配以器物通体漆黑色和挺括造型，不仅无伤大雅，还突显出素面的大气简约，更衬托出一股庄严肃穆的气质。

烧制陶器工序并不简单，想要制成黑陶这般精美的器物，更要考虑方方面面。为避免烧制过程中火焰和扬起的灰渣在器物身上留下痕迹，此时的匠师已经发明出匣钵，并将陶坯装入匣钵内，再一起送入窑中焙烧。在器物烧成的最后阶段，匠师还会往窑中加入大量草木，封紧窑门和通风口，致使草木燃烧产生浓烟；也有说法是从窑顶加水，使得木炭燃烧不完全，如此生成的浓烟熏烤器物，就有了漆黑发亮的黑陶。

用细泥薄胎制成的黑陶最为精良，常被人们形容为"黑如漆，薄如纸"，也就是让人叹为观止的"蛋壳陶"。新石器时代晚期的一件蛋壳黑陶高柄杯，高26.5厘米，重量只有数十克，口沿处的厚度甚至不到1毫米。如此极致的工艺让后世人对其制作方式无限遐想。为了保证器物在烧制时不坍塌，匠师制作坯体时要绝对保证器壁从下至上由厚到薄。这样轻巧到极致的器物在今日看来并不能作为日常器物使用，考古学家推断其大概是最高规制的祭祀礼器。

让人唏嘘的是，龙山文化黑陶的制作工艺传到汉代时便中断了。到20世纪60年代至80年代前后，经考古发掘黑陶开始重见天日，人们被黑陶这种庄重的美所折服，希望能将黑陶再现人间。经过数十年间几代人的努力，黑陶制作技艺终于复原。如今，山东德州的匠师们凭借宋以来积累的大量烧制经验，承袭了龙山文化黑陶的制作方式，将黑陶世代传续。

中国国家博物馆馆藏黑陶鼎　视觉中国

山东博物馆馆藏蛋壳黑陶杯　视觉中国

唐三彩女骑马俑　视觉中国

三彩：乐舞人生

黄河流域的陶器发展到了隋唐五代，有了巨大的成就，最能体现行业发展的便是数量不断增多的窑场。

在制作工艺上，器型从繁重变得轻巧，匠师将瓷土处理得更为细腻，开始普遍使用匣钵保护器物，还会在粗糙的坯体上涂上反复淘洗而变得细腻的瓷土，这种瓷土至今仍在使用，被制陶人称为"化妆土"。如果说早期的陶器注重平面化装饰，到此时，立体的堆塑和捏塑的方式显得稀松平常，匠师还掌握了釉料的显色原理，比如三彩就在此时大放异彩，并闻名于世。

区别于瓷器能烧到1200度甚至是1300度以上的高温，三彩实质上是一种烧成温度介于瓷与陶之间的铅釉陶器，西汉开始，便已盛行。两汉时期的釉陶，唐辽时期的三彩，元代珐琅器都属于低温铅釉。

低温铅釉是一种玻璃物质，又被称为"绿釉陶器"，也是人们口中的"釉陶"。这种低温铅釉通常用石灰石粉加上泥土制作，涂抹覆盖在泥坯外表，入窑烧制后呈现玻璃质感。釉中添加的铅是一种助熔剂，能降低釉料熔融温度，使得器物表面富有光泽和流动感。低温铅釉的烧成温度不高，导致质地不够坚硬，或者考虑铅元素对健康的风险，人们并不用这类陶

河南博物院藏品隋代绘彩陶伎乐女俑　视觉中国

陕西历史博物馆馆藏唐三彩　视觉中国　　　　　　　　唐三彩唐代仕女像工艺品　视觉中国

器直接盛放食物，而是多作为陪葬用的冥器。

匠师烧制三彩通常分为两次，先用1150度烧泥坯，在泥坯上施釉后再用900度烧成。因为釉料中添加了各类金属元素而呈现出不同色彩，铁元素呈现黄褐色、棕色，铜元素呈现绿色，钴呈现蓝色，锰呈现紫色或者赤褐色。

唐时厚葬之风一度盛行，西安、洛阳的三彩出土最为丰富，常见有盘、壶、瓶等各式各样的器形，有的还用捏塑、模印、刻划等技法做出各种形态，人俑、马、骆驼更是常见。最引人瞩目的要数骆驼载乐俑，一组西域乐师稳坐于骆驼背上，有的手弹琵琶，有的手舞足蹈，伴随着欢快的氛围，徐徐走进盛极一时的京城。三彩发展到辽代，契丹人依旧保留了三彩的烧制技艺，不同于以往的是，此时常被用以仿制木器，大抵得益于契丹人爱用木制容器的喜好。

琉璃：屋顶护卫

与三彩同属于低温铅釉的琉璃，凭借炫目的光泽质地也在陶器中占有一席之地，更有不少的文字资料，将琉璃与珊瑚、璧玉并列为金银奇宝的行列。《魏书·西域传》中记载，北魏时期有为大殿制作的五色琉璃，所闪耀的光芒，就令众人惊骇万分，被认为是神明显灵。

山西洪洞广胜寺飞虹塔上精美的琉璃装饰　刘江/视觉中国

北京故宫宫殿的金色琉璃瓦与龙纹瓦当和滴水　视觉中国

山西晋祠圣母殿一角　视觉中国

山西晋祠圣母殿　视觉中国　　　　　　　　陕西西安大明宫遗址出土的唐代莲花纹方砖　视觉中国

山西忻州五台山菩萨顶　视觉中国

琉璃在春秋战国时期就已发展成熟。据传铅釉技术由西方传入，也有说法认为铅釉与中国道教炼术关系密切。《抱朴子·内篇》中更记录下炼丹所用的材料，如琅玕、铅、汞、盐、硝、石英等，而这也是制作铅釉和琉璃的材料。

山东、河南、陕西、山西的墓葬中都曾出土过琉璃，而山西则是主要产地。山西在汉时就掌握了低温铅釉陶的生产技能，这为琉璃制作提供了坚实的基础。

最初，琉璃多为壶、瓶、罐之类的日用器皿和陪葬用的陶楼、动物、百戏等冥器，到北朝时期开始用于牌坊、高塔、碑碣、神像等建筑装饰，一些重要的建筑物顶上也会使用琉璃鸱尾和琉璃瓦。为了督促生产和保障质量，琉璃上还多留下工匠师傅的款识。隋代时，琉璃开始被用于制作佛、菩萨等造像，发展到宋元明清，琉璃技术更是炉火纯青，在今日还得以窥见其光彩。

匠师们在山西就地取材，富足的煤矿资源更成了便利燃料，如今发现的窑址也多在建筑工地，烧制好的琉璃免除了运输的劳苦和风险，可以被直接安置在附近修建的建筑物上。时至今日，还能见到大明宫遗址出土的莲花纹样琉璃砖、太原晋祠圣母殿顶部的琉璃瓦当，而五台山菩萨顶上的琉璃更是官窑烧制出的精品。

山西人烧制琉璃多是子承父业，世代相传，更有多至九代，就连河南、陕西、河北的匠师也会慕名而来，为山西琉璃烧制添砖加瓦。他们凭借世代经验总结出一套行之有效的烧制办法，备料、成型、素烧、施釉、釉烧……倘若任意一道工序失败，都意味着此前的功夫付诸东流。

山西吕梁碛口古镇壁画 视觉中国

四川雅安荣经砂器　视觉中国

砂器：日用之器

　　说起砂器，大多数人都会想起潮州紫砂、宜兴紫砂，实际上，位于黄河流域的山西平定也做得一手好砂器。

　　砂器是一种介于陶与瓷之间的炻器，在黏土中掺入沙粒等粗颗粒物质后塑型，再经过高温灼烧，坯体就变得十分致密。因砂器烧制不具有瓷器烧制时的玻化反应，反倒保留下吸水性。砂器内外不上釉，就有了很好的透气性能。高强度的质地使得砂器能经得住骤冷骤热的

宜兴紫砂壶　安东/视觉中国

南京博物院的宜兴紫砂器特展　视觉中国

河北省邯郸市博物馆展出的平定紫砂展品　郝群英/视觉中国

变化，是烹饪食物的上佳容器。

山西各地都能烧制砂器。有记载称，民国时期河北张家口人家使用的砂盆砂锅，就多来自山西。而平定地处山西中部，四面环山，盛产矾土和白土，土质纯粹，黏质极好，和煤炭一并成为生产砂器的坚实基础，平定砂器也与阳泉煤炭一同成为享誉中外的名片。

平定多产盆、壶、锅等日用餐具，这在明清时就享有盛名，普通人家能拥有一套宜兴紫砂陶、广东砂煲和平定砂器，就是十分值得夸耀的事情了。平定人制作砂器工序大同小异，取原料制成坯泥，手工成型制成器具的各部件，如锅身、壶身、壶嘴、把手等等，然后用泥浆作为黏合剂，将各部位拼装成套，之后将器物送入窑炉内初步烧制成砂器，再用烟火熏烤完成。据说，用平定砂器烧水能节省时间，用作花盆透气性强有利于植物根部生长，当地百姓多用平定砂锅熬制中药，能更好地保全药性。

平定人制作砂器的野心并不满足于此，他们自觉制作的器物较为粗糙，也难以产生更大的经济效益，于是着眼于当地富饶的紫砂泥料，试图改良砂器，烧制紫砂。早在清末时期，就有人想尝试突破砂器的粗糙质感，将砂器做得更精美。民国时期，平定知州朱子钦请来宜兴紫砂师傅前来平定，凭借成熟的紫砂制作技艺，与当地人一起改良工艺，不仅克服了渗水、变色等问题，最终催生出了平定紫砂的烧制工艺。

不论是红陶、黑陶，还是三彩、琉璃，抑或是百姓家中离不开的砂器，都是祖先与大自然长期共处下的智慧和实践结晶。每一代匠师有传承，每一方故土有风尚，都得益于数代人对生活的热情和感悟，他们将泥与火的特性深谙于心，将朴实的材料创造成一件件艺术作品，生活与家园也因此被装点得异彩纷呈。

五代秘色瓷莲花碗　视觉中国

东晋青釉鸡首壶　沈龙泉/视觉中国

空明流光黄河瓷

如果用一个词来形容华夏儿女的人生希冀，可能会是"安居乐业"。这样的图像如果交由艺术家们表达和渲染，很可能会出现在黄河人家的庭院中，一幅儿孙满堂、膝下承欢的景象。"雅致装庭宇""民以食为天"，在欢乐祥和的团圆节日中，总少不了几件装点空间、归纳生活的器皿，朴素人家会有几件瓶罐，讲究人家会置办茶器、酒具、花器等各类居家器皿，这些瓶瓶罐罐不仅能将生活归置得井井有条，还能把生活中的琐碎装点得充满诗意与雅趣。

在中国陶瓷史上，远古的祖先崇尚古朴与稚拙的美；到了魏晋南北朝时期，祖先对居室陈设之美拥有了更深厚的认知。江苏、浙江等地率先在瓷器上施展出独有的才华，而居于黄河流域的河南、山东、陕西等地区，虽然在瓷器路途上姗姗来迟，但也已从青瓷、黑瓷启程，书写关于生活与家园的美学篇章。

文人雅器，秘色青瓷

"九秋风露越窑开，夺得千峰翠色来。"这是唐代诗人陆龟蒙在《秘色越器》一诗中给世人留下的一番遐想；另外两句诗——"巧剜明月染春水，轻旋薄冰盛绿云""圆似月魂堕，轻如云魄起"，更将晚唐至北宋中期越窑烧制的珍贵贡品——秘色瓷描绘得如仙如梦。文人诗意般的渲染，加之法门寺出土的唐代《衣物帐》碑中的寥寥记载，虽向世人形容了这方美色，但这贡品却因技艺

唐代越窑秘色瓷八棱净瓶　视觉中国　　　东汉越窑五管瓶　读图时代/视觉中国　　　东汉婺州窑青瓷堆塑罐　陈晓东/视觉中国

一度失传而不被世人所知，众人只知道秘色瓷隶属于青瓷，专为进贡皇室而烧造，仅供帝王赏玩。

　　随着陕西扶风法门寺的发掘，五代秘色瓷终于重见天日，这一抹似云如烟、似翠胜绿的神秘面纱方被揭下。秘色瓷，色泽如青如翠、似玉类冰，又有水的光泽，因其颜色介于黄、绿、蓝之间，在火焰与釉料的配合下能呈现出百般变化的色泽，令世人憧憬万分。但出土物寥寥，使得世人复原烧制始终不得其法。从此，秘色瓷与青瓷如影随形，更加神秘高冷。

　　东汉时期，长江流域青瓷制作技艺已日趋成熟，不仅质量精良，也形成一定规模，烧制陶瓷更是突破了温度的限制，能超过1300度高温，胎体经过高温烧制变得细密结实，和釉料也结合得更好。日用瓷器一时间应有尽有，饮器、餐具、灯具等层出不穷，匠师在装饰风格上也尝试了新形式，将器皿做成动物器形，熊、羊、虎、鳌、蛙……意趣横生、惟妙惟肖。

　　随着南方地区烧制的青瓷开始被源源不断输送到北方地区，青瓷在瓷器中的主流地位逐渐稳固，黄河流域的瓷器行当自然亦受到南方影响。唐时，整个社会饮茶之风盛行，除此外人们也喜爱喝酒，喝酒要有酒杯、酒壶；喝茶喝的是"煎茶"，用茶碗、茶托。一时间茶具、酒具也就成了文人雅士的必备雅器，不断推动青瓷攀登工艺高峰。晚唐开始，陕西铜川黄堡窑也生产出青瓷，黄堡窑也被称作耀州窑，因宋时归属于耀州而得名。耀州窑在宋以前主要烧制黑釉、白釉，也有一部分是青釉、花釉和三彩，宋代之后，耀州窑烧制青瓷的技艺日益成熟，烧出的瓷器胎体变薄，器形也从丰满变得秀丽，有修长的瓷瓶，也有仿植物纹样制作的十二瓣瓜棱碗与十六菊花瓣盘，更设计出生动繁复的纹样，如莲塘细鸭纹、海水游鱼纹、婴戏纹等等，逐渐获得市场的青睐。

无独有偶，河南的安阳窑也烧制青瓷，匠师采用淘洗后的瓷泥制成胎，烧制出的瓷器胎体更加细腻。匠师还会在器物内外均匀施上一层釉，经过高温烧制后的釉料早已完成玻化反应，瓷器质地泛出一层玻璃质感的青绿光泽，釉料施涂较厚处色泽较深，稍薄处色泽较浅，隐隐约约还能透露出灰白色泽的泥胎，呈现出一派晶莹剔透的渐变色泽。

刻花、划花、印花、贴花……安阳窑烧制出的瓷器纹饰也日益丰富。为了追求瓷器的精美程度，保持瓷器烧制中不变形，以及施釉部位不与其他物体粘连，安阳窑的匠师们开始借鉴南方地区越窑的支烧方式，垫饼、匣钵都派上了用场。形制与安阳窑差别不大的巩义窑，在烧制白瓷前也曾烧制青瓷，绘制上莲花瓣纹样后，器物也变得雅致温婉了起来。

宋代耀州窑青釉刻双鹤纹碗　刘兆明/视觉中国

唐代青瓷五盅盘　黄雪林/视觉中国

南青北白，一素一庄

隋末开凿大运河之后，全国的货物在朝贡的需求下开始流通，南北地区商贸往来也日益频繁，长江、黄河流域的美学风尚就此互相影响与融合。丝绸之路的通达，加速了中原与其他文化的交流，一时间，瓷器走出国门远销海外，各地窑厂也如雨后春笋般欣欣向荣，黄河流域的瓷器烧制技术也开始奋起直追。

南方尚青，北方尚白。在河南，有巩义窑、密县窑、鹤壁窑；在山西，有平定窑、浑源窑；在陕西，黄堡窑依旧为翘首；再加之四川的青羊宫窑，大量白瓷烧制而出，也就奠定了唐窑"南青北白"的鼎盛格局。

烧制白瓷的传统由来已久。北齐晚期，河南安阳就有白瓷烧制的碗、杯、罐、瓶。北方部族多信奉萨满教，草原游牧民族更是相信白色代表着吉与善。隋唐时期，中原与北方部族交往密切，中原地区受到草原民族文化的影响，北方地区的窑场开始生产白瓷，黄河流域的白瓷烧制技艺此时逐渐走向成熟。瓷器的呈色主要依靠泥胎中金属元素的含量配比，黑瓷的釉料含铁量一般超过5%，青瓷的釉料含铁量会控制在3%左右，白瓷要将泥胎和釉料中的含铁量都降到1%以下，因此白瓷的烧制难度往往要比青瓷、黑瓷更大，控制泥胎中含铁量的

宋代双系钧瓷罐（局部）　左冬辰/视觉中国

宋代白釉瓷熏炉　左冬辰/视觉中国

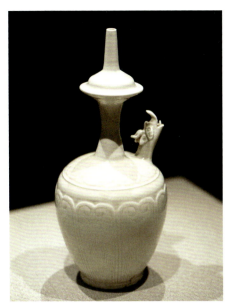

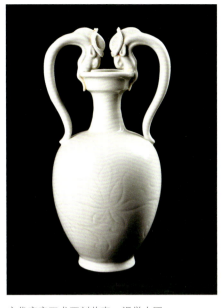

宋代定窑白釉刻花龙首流净瓶　视觉中国　　　宋代定窑双龙耳刻花壶　视觉中国　　　唐代白釉双龙尊　视觉中国

高低是一项技术活，哪怕是微量的铁元素，都很容易影响瓷胎颜色的深浅。

　　河南地区一时间涌现出不少烧制白瓷的窑场，也开始向都城长安进贡白瓷。巩义窑所在的巩县与洛河相距不远，得益于水运条件的便利，货物一旦登上船只就能抵达洛阳，再转运至长安。唐长安城西市遗址、唐大明宫遗址出土的白瓷中就有巩义窑烧制的瓷器，要知道，河北定窑在烧制白瓷技术上独树一帜，而巩义窑烧制的白瓷釉中所含的三氧化二铁甚至比宋代定窑白瓷釉更低，足见其烧制技艺的精湛。

　　位于河南郑州的密县窑，在烧制白瓷上能与巩义窑并驾齐驱。密县窑在唐至北宋时期烧制，能制作白釉、黄釉、黑釉、青釉等单色釉瓷，密县窑烧制的器型胎壁较薄，内部常施涂满釉，外壁釉料不到底部，裸露出的素胎为瓷器平添一番味道。唐至五代时期，密县窑烧制以白釉瓷为主，匠师们最初喜欢在泥坯上施涂化妆土，借助化妆土改善瓷胎的细腻程度。随着匠师白瓷烧制技术的精进，瓷泥质量得以提升，化妆土的使用逐渐减少，烧制出的瓷器也能达到白润亮泽。此时，匠师会在瓷胎装窑时使用乳钉形、圆形、三角形等各式各样的垫饼，钉子的支撑能大大减少器物底部与窑板之间的接触，保持完整的釉面效果。

　　密县窑还开创出白釉划花、刻花装饰的技法，用珍珠地划花制作的碗和枕头，手轻轻拂过，就能感受到错落起伏的凹凸质感，白色的胎底将花纹突显得更为玲珑剔透。除此之外，密县窑瓷器还采用白地画黑花的效果，简洁的花草纹、独特的圈纹、活泼的动物纹，都给瓷器平添文雅气质。

　　有异曲同工之妙的河南当阳峪窑，要数白地釉下彩绘划花最为典型。赭灰色的胎底涂上

宋代白釉珍珠地牡丹纹瓷枕　视觉中国

宋代白釉黑彩荷花纹瓷盆　黄安生/视觉中国

宋代当阳峪窑白釉剔划化妆土缠枝菊纹缸　视觉中国

宋代当阳峪窑白釉剔花瓷缸　黄安生/视觉中国

厚厚的化妆土，并用黑色绘出纹饰，再刻划上植物细节和轮廓，烧制前会在坯体上上一层透明玻璃釉，烧成的瓷器白净润亮。山西介休窑也以烧制白瓷为主，白釉划花、白釉剔花、白釉釉下黑彩划花等是更为精致的创造。其中，白地红花是装饰的一大代表，匠师们喜爱在化妆土上用深浅咖啡色、褐色、橘红色画折枝叶纹，白色搭配暖色调纹饰让白瓷更为温润。进入辽金时期后，北方民族统治者将尚白风尚带入中原地区，白瓷制作技艺更上一个新台阶。

　　除了发展白瓷之外，北方地区还会制作黑瓷，河南的巩义窑、鹤壁窑、安阳窑，是唐时烧制黑瓷最多的窑址。山西平定窑与浑源窑的匠师们常在瓷器内施白釉，却在外壁涂上酱黑色釉，席纹小罐就是一件标新立异的代表之作。陕西黄堡窑，也发现有不少黑瓷和白瓷作品。山东的黑瓷更是远近闻名，漆黑油亮润泽度高，浑身透露出庄重沉稳的气质。

精致绞胎，写意花瓷

除了瓷器中最经典的青瓷和白瓷，陶瓷匠人们还根据不同的时代创作各色崭新的工艺。

唐代的匠师们会将深浅色不同的色泥切成薄片，然后根据想要的图案再将不同颜色的薄片一片片交叠起来，糅合成多色泥之后，匠师们还会利用撑、拉、摔、打等动作，对泥块进行塑型，调整出想要的纹理，再进一步捏塑、轮制成为最终器型。也有匠师会将色泥单独制成形状各异的图案，贴在器物泥胎上。待绞胎的器物泥坯干透后，匠人还会在素坯上施釉，之后再将瓷胎送入窑炉中高温烧制成品，世人总是将这类绞胎视为对漆器中犀皮的模仿。

河南巩义窑就生产过这类纹理感极强的绞胎瓷器，水纹、羽毛纹……其中，木纹纹理的绞胎器是绞胎中的佼佼者，远远看去，绞胎上的木质肌理能以假乱真。山西、陕西的匠师也有制作绞胎的功夫，通过对泥巴的揉捏摔打，形成的纹样随机变化，有的匠师甚至会将糅合之后的多色泥再与单色泥进行一次结合创造，玩味无穷。

匠师们喜爱将绞胎形成的多色泥制作成枕头，枕面上的花纹是形式感极强的圆形团花，细致精美更像是画师直接用笔绘制而成。陕西乾县的唐懿德太子墓还出土过一件绞胎骑马俑，俑人与马由绞胎泥料直接制成型，二者纹理融汇一处，不细致观察甚至难以分辨。宋代，河南当阳峪窑制作出经典的黑白绞胎碗，碗沿常会留出较宽厚的白边，黑白相交形式感

唐代绞胎瓷枕　视觉中国

宋代当阳峪窑绞胎瓷碗　视觉中国

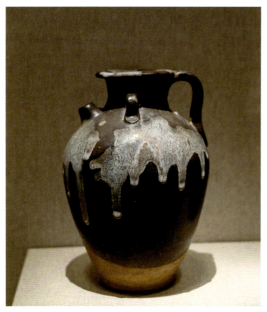

唐代花釉瓷执壶　视觉中国　　　　　　　　　　唐代花釉瓷罐　视觉中国

十足，更令人赞叹的要数禽鸟羽毛的对称纹理。

　　花瓷是唐人在审美上的另一种创造。如果说绞胎是一种收敛且精致的创造，那花瓷算得上是瓷器中的写意之作了。河南与山西的匠师们不再满足单纯施釉的装饰感，开始尝试在黑釉、黄釉、黄褐釉等深色釉的基础上，或泼洒点染月白色、灰白色的浅亮色斑点，或挥洒笔墨，画上天蓝色、月白色等渐变式的波浪条纹，飘逸的行笔使得烧制出的大件瓷器出现水流般的肆意灵动，更给钧窑烧制彩斑提供了些许灵感。

　　唐时的羯鼓，也被称为花瓷腰鼓。伴随着中原与西域文化的交流融合，西域乐器逐渐进入中原视野，用花瓷制作鼓腔，再在腰鼓外壁施上黑色、酱色等深色釉，或点或涂抹几处天蓝色块，随性的纹样伴随着清脆鼓乐声更显洒脱。

　　进入北宋后，瓷器迎来又一个春天，宋人好古，日用器、祭器、陈设器……一时间应有尽有，样式层出不穷。河南禹州钧窑除了将印花青瓷、白地黑花瓷、黑瓷烧制得炉火纯青外，更以蓝、紫色交相辉映的窑变釉瓷惊艳了世人，玫瑰紫、海棠红、天青、月白等一系列的釉色瓷凭借华丽的身姿成为业界翘楚。而河南宝丰清凉寺的汝瓷，造型多仿青铜器，香灰色的胎体，天青色的釉料，开启了瓷器新风。更有汴京官窑的粉青色、青灰色厚胎瓷，常被人们与温润的玉材媲美……黄河流域的瓷器篇章至此并未结束，各色瓷器承载起无数匠师的心血，更凝聚了世代文化养料，为后世匠师提供源源不断的灵感与创造力，继续开启一代又一代的制瓷风尚。

唐代鲁山窑花釉腰鼓　视觉中国

宋代钧窑玫瑰紫葵花瓷盘　视觉中国

金代钧窑天蓝釉紫红斑碗　视觉中国

宋代钧窑天蓝釉六方花盆　视觉中国

河南博物院展出的五彩十二月花卉杯　视觉中国

第四章

斑斓织绣

泱泱黄河水，轧轧机杼声。从出土文物和历史文献记载来看，中国最早的纺织技艺和丝绸文化出现在黄河流域，早期的丝织生产也在黄河流域出现过较为清晰的文化脉络。而刺绣工艺明快大气，带有质朴的生活气息，给人以厚重粗犷之美。它们既是日常生活的必需品，也是黄河女性精神世界的写照。从各种复杂的纹饰、不同风格的精美衣裳中，我们不难看出生活在黄河流域人们各自的生活习俗、审美观念和精神信仰。

锦绣技艺作品　刘静/视觉中国

航拍黄河 马多/视觉中国

游走于针尖的风情

黄河边，湿地旁，姑娘轻采一朵花。

横跨多个地貌单元的黄河流域，涵养着多元的生态面貌。刺绣文化之于黄河文化，格外静美可人。中国刺绣的历史源远流长，早在四千多年前的章服制度就规定"衣画而裳绣"。明清时期，刺绣工艺繁盛，上至宫廷，下至民间，形成了许多流派。黄河流域的刺绣风格总体上明快大气，带有质朴的生活气息，给人厚重粗犷之美。它用针尖轻柔地拨开了黄河文化娟秀细腻的一面。

山地"彩虹衣衫"

姑娘在湿地边缘采下的花，顺水漂流，落在沿岸民族风情浓郁的绣布上。

它先漂入青海土族新娘"摆针线"的现场，伏在嫁衣的绣花腰带上。以黑色纯棉布做底，用红、黄、绿、蓝等七色绣线绘像的盘绣，大约在4世纪就已出现。土族人的衣衫、腰带、鞋袜等日用品上都绣着七彩，因此他们有"穿彩虹衣衫的人"之称。彩虹绣娘不用绷架，左手拿布右手拿针，一针二线，让盘线与缝线游走出太极图、八卦图等图样。她们做姑娘时绣成的精美衣衫在出嫁时铺开，接受亲朋好友对绣工的鉴赏与称赞。盘绣承载着古朴遗韵与原始情感，针线间尤现西北高原民族的率真天然。

花又落在羌族人的衣衫上。轻抚手肘膝盖处，这些易磨损的地方装饰有细密的羌绣针脚，既耐磨又秀丽。羌族绣娘们用这种巧思延长粗布衣物的使用寿

青海海东的土族民众举行独特庙会，"碰鸡蛋"祈福消灾　马铭言/中新社-视觉中国

命。流行于四川汶川等羌族聚居区的羌绣在明清时期已十分成熟，多用棉线丝线，以挑花为代表针法，色彩黑、白居多，绣品包括花围腰、云云鞋和日常衣衫等。羌族少女说着"一学剪，二学裁，三学挑花绣布鞋"的俗语，随母辈学习羌绣，熟能生巧的手感让她们在不打样的前提下，也能全凭心意绣出各种几何图案与花草动物。

　　与羌绣的明快相通，在内蒙古苏尼特左旗，草原上的蒙古族刺绣也用对比强烈的色彩，以夸张手法表现粗犷的线条纹样。蒙古族刺绣用彩色丝线、棉线在软面料上绣花，也会用驼绒线、牛筋在羊毛毡、皮靴等硬面料上刺绣，此外还有使用白羊毛毡、驼毛线的贴花技法。能策马的蒙古族姑娘也能胜任"嗒塔戈玛拉"（"刺绣"的蒙古语）。出嫁前，她们要给婆家的每一个人做一双靴子。纹样方面，蒙古族人的坎肩、靴子、摔跤服、赛马服上除了吉祥花草和几何纹样，还常见象征英雄的虎、狮、鹰与象征自由的鱼纹，明清之后多现"宝相花"图案。有着浓郁游牧风情的蒙古族刺绣敦厚旷达，绣品明明是静的，却似有一股奔腾潇洒的风吹过。

羌族刺绣　孙继虎/视觉中国

蒙古族服饰　读图时代/视觉中国

蒙古族服饰　读图时代/视觉中国

　　风吹，花落贵南藏族姑娘的嘉珑上。在农牧结合的青海贵南，女孩成人前佩戴"托洛"这种头饰，成人后佩戴"嘉珑"，华美的嘉珑寄托着她们对美好生活的向往，而这些与人生仪礼密切相关的头饰上都有藏绣。姑娘们制作嘉珑时，采用缠线、平针等技法，在红色宽布条上用五彩丝线绣出桃心纹，再装饰上珊瑚、绿松石、银铜纽扣等配饰。藏绣与唐卡、堆绣并称为藏传佛教三大艺术，贵南藏族刺绣在吐蕃王朝时期就以头饰为主要载体兴起。藏绣的生命力一部分源于其包容性：它是青藏高原生活的写意，兼具世俗化与大众化，是我国少数民族刺绣中内容较为丰富的一种。贵南藏绣的图样除唐卡和传统图案外，也有山水、人物、动物等。

　　而在以农耕文化为主的四川，生活在阿坝的嘉绒藏族依托畜牧资源和剑麻，用牛羊毛和麻编织成口袋等日用品，发展出不同于刺绣的编织工艺。嘉绒藏族的编织多以直线、几何形组合为纹样，兼具简洁性与力度感。明艳的色彩搭配单纯的纹样，别具藏族文化特色。同样在蜀地，凉山彝族在彝族原始绘画的基础上发展出彝族刺绣。它以高对比度的彩色绣线，在

青海玉树的江文才仁与女儿在黄河正源约古宗列
跳起了藏族舞蹈。宋林继/视觉中国

青海海南藏族自治州贵南县藏绣生产基地文化产业园内，绣娘在展示藏绣作品　马铭言/中新社-视觉中国

"绣在青海——'青绣'艺术保护传承创新发展成果展"
展出的刺绣类非遗作品　刘静/视觉中国

藏族新娘初拉姆和她的弟弟　滨海之光/视觉中国

黑色底布上绣出源于自然的山水雷电、牛羊鸟兽，饱满奔放中蓄着古老民族的神秘感。

也有一些少数民族绣种与汉族刺绣针线交错。譬如宁夏是一个汉族、蒙古族、回族等多民族聚居的地区，宁夏的回族刺绣在多民族交往交流交融中吸纳了更广泛的题材和针法。四川广元地处羌族由西北向四川迁徙的通道，麻柳刺绣便是一颗汉族、羌族民族交往交流交融后的明珠。因此，一朵小小的花在漂流中，偶尔欣喜于各民族风格的差异，又常觉彼此眉眼亲切。

藏族妇女巧手编织美好新生活　刘国兴/视觉中国

千年彝绣在巧手下变得多彩灵动　刘国兴/视觉中国

平原锦绣华章

当平原绣卷缓缓展开，姑娘走入繁花似锦的中央地带。在黄河流域，鲁绣、蜀绣、汴绣是平原地区大绣种的代表。不同于少数民族刺绣在草原或深山中如一把草籽肆意生长的状态，大绣种行至现代，都经过了传统工艺到现代产业的转型。

鲁绣是山东的代表性刺绣工艺，春秋已兴，到秦而盛，至汉普及。鲁绣是一种团团锦簇的艺术。一方面产品多，齐鲁大地百花齐放，如烟台抽纱、即墨花边、青州府花边、蓬莱梭子花边等，它们牵手协作促成了鲁绣的产业化与团团锦簇的饱满度。另一方面绣种多，鲁绣逐渐产生了衣线绣、发丝绣、云龙绣、雕平绣等数十种独有绣种。鲁绣根植于齐鲁文化，折射出其温厚包容的精神。

鲁绣多用棉线，蜀绣则采用蚕丝线在丝绸等织物上绣山河。神秘的三星堆出土青铜器上曾找到丝织物遗存，可见蜀地丝绸业历史绵长。汉末三国时期蜀绣已名扬天下。蜀绣严谨，12大类122种针法交错使用，能够灵活地适应花鸟、山水、人物等不同题材。它的严谨穿于细微中，明快伏于轻柔下。蜀绣在光、色、形上摇曳生姿，它的气质恍如一幅涓流边佳人静观花鸟的工笔画。这样的蜀绣让人着迷，历史上它曾作为昂贵商品为蜀地筹措军资，绣匠、绣品也曾是战争中被掳掠的对象。

工人在绣制双面鲁绣　IC photo

即墨非物质文化遗产鲁绣花边　仲春之会 / 视觉中国

蜀绣川剧脸谱　视觉中国

蜀绣技艺　视觉中国

大熊猫是蜀绣中的经典图案　牛书培/视觉中国

汴绣《牧马图》 读图时代/视觉中国

汴绣《五牛图》(局部) 厶力/视觉中国

　　流行于河南开封一带的汴绣是黄河刺绣艺术的后进之秀。它的兴盛得益于北宋都城汴京(今河南省开封市)的繁荣。车马如流人如织的汴京,是当时世界的政治、经济、文化交流中心之一,刺绣作为手工业的重要组成部分逐渐兴盛。彼时汴绣被称作"宫廷绣""官绣",多以名画为题材,通过刺绣重新演绎画卷。汴绣在艺术风格上更为古典,表达方式深受中国传统墨法的影响,形成了一种与书画结缘的刺绣艺术。

　　三个绣种在历史中不断壮大。清中叶后,蜀绣逐渐形成行业,成立了专门的行会。鲁绣在近代跟随工业化发展,工艺不断创新,在接纳机绣后工效倍增,绣成一方产业。

汴绣钱包 左冬辰/视觉中国

汴绣扇子 左冬辰/视觉中国

汴绣《清明上河图》(局部) 视觉中国

有高树，也有草花。相比大绣种，散落在黄河流域的民间绣活小而美，静静地绣着百姓日用。黄河流域尤其是中原地区各省都有广泛流行于乡间村野的女红。当少数民族的姑娘们在幼年开始刺绣，中原地区的女孩也在耳濡目染中开始练习绣花、缝衣、做鞋。新娘的嫁衣、孩子的围嘴、老汉的烟袋，无一不见刺绣花样。山西的高平绣活、陕西的澄城刺绣与西秦刺绣是其中的代表。

高平绣娘们喜用对比强烈的色彩、夸张大胆的手法与饱满的构图。题材包括花卉、瓜果、吉祥鸟、瑞兽等，也常从年画和《白蛇传》《杨家将》等民间戏剧中汲取灵感。中原农耕地区的刺绣文化同根同源，西秦刺绣与澄城刺绣的绣娘们只消看一眼高平绣活中的鸳鸯、喜鹊、福禄寿，就对它们包含的吉祥意图心知肚明。尤其在澄城，刺绣讲究图必有意。人们用蝙蝠、佛手象征"福"，用梅花鹿象征"禄"，用桃、寿星、仙鹤象征"寿"。这些吉祥观念共享在民间戏曲、年画、剪纸等多种艺术形式中，刺绣是其中最轻柔的一种。

民间绣活如糖化入水中，与当地婚丧嫁娶、节庆祭祀等活动紧密相依，承载着人们对生活的美好憧憬，尤其展现了乡野女性对美的追求与创造。它是根植于黄河流域农耕文明的民间艺术，不讲究师承，不分流派，在各乡各地自然生长。面朝黄土背朝天的农村妇女用天真淳朴的想象力，绣着绣着，就超越了烦冗的现实生活。大绣种产业长青，民间绣活也从未中断，它们以扑面而来的亲切感融入黄河儿女的日常生活。

传统绣花样子与绣花工具　路洁/《华商报》－视觉中国

黄河流域特有的刺绣纹样"鱼变娃"　路洁/《华商报》－视觉中国

汴绣《清明上河图》｜局部　朱沙欧/视觉中国

立体飞绣浮雕

　　忽然一群雁飞过头顶，姑娘抬头见天，低头见河，视线拉远，湿地之境层次丰富。我们的绣布也不拘于平面，跃而立体。

　　眼前是一座鲜活的刺绣画园。山西长治的上党堆锦以立体刺绣画见长。它起源于唐代，以同产于长治（古称潞州）的潞绸为主料，以草板纸、棉花为骨架，经絮棉、捏褶等十余道工序呈现浮雕效果。相传，李隆基就任潞州别驾时将堆绢工艺传入上党民间。清末民初，随着山西潞绸产业兴盛，晋商不断壮大，上党堆锦迎来鼎盛期。上党堆锦是古代民间丝织工艺的代表，它将丝绸与绘画结合，从平面牵起立体堆绢，为刺绣艺术开径，抵达繁花锦簇的立体层面。

山西长治堆锦博物馆馆长闫向军匠心研艺，
传承长治堆锦技艺　视觉中国

山西长治黎城县黎侯虎非遗项目传承人李小梅精心制作黎侯虎　白英/视觉中国

北方绣匠用棉花塞出立体画，内蒙古乌兰察布市察哈尔右翼后旗的蒙古族艺人则用动物皮毛"绣"出草原生灵的标本。

所谓毛绣实为毛植，它用动物皮毛中的锋毛（退绒），在纱网上栽植出仿真动物图案，全程不用针线。相传，毛绣的发扬光大与成吉思汗有关。1235年，万安宫落成庆典上，一幅以成吉思汗的八骏马为题材的毛植作品《八骏图》深得其喜爱。在元代，毛绣颇受贵族青睐。传承至今，毛绣的灵魂是再造，尤其是有复现灭绝生物的生态意识，这与蒙古族人崇尚自然、敬畏生命的理念一脉相承。工匠需下诸多暗功夫，比如对动物的身体结构、骨骼、毛色等了然于胸，才能开始一场与动物的追逐游艺。

与高挂宫廷、服务贵族的艺术不同，山西黎侯虎从一开始就来自民间。

山西黎城是古黎国所在地，这里曾出土西周时期的佩戴饰物玉虎。黎城人自古爱虎，不仅赋予它赐福、镇宅、增寿、生财等文化内涵，还以红黄两色布料与棉花缝成布老虎。黎城的孩子满月时，都会收到姥姥亲手做的小老虎。它用贴布、彩绘、挂穗等手法装饰，虎的眉眼、鼻子由姥姥一点点剪出来。人们希望黎侯虎能护佑孩子健康成长。黎侯虎与广见于黎城的石刻虎、剪纸虎等虎形民间艺术品一同传承着黎城人对虎的崇仰之情，也虎虎生威地承载了百姓祈福避邪的美好愿望。

山西长治堆锦　视觉中国

绣娘在非遗保护传承基地忙碌
许丛军/视觉中国

四川凉山的彝族绣娘用七彩线编织美好生活
刘忠俊/中新社－视觉中国

　　繁花般散布在黄河流域的刺绣文化，如今纷纷位列国家级非物质文化遗产。大多数少数民族刺绣技艺因远在深山，避开了社会动荡，传承至今。大绣种经历了材料、工艺、工具的更新与风格的发展不断壮大，也有一些刺绣技艺面临人走技亡的颓势。总体上，除了早已商品化的大绣种，传统刺绣技艺都在努力从自给自足的家常针线，走出深山村寨，走向工艺品、伴手礼、家居装饰与旅游商品的道路，并依托"非遗+扶贫"的政策带动更多女性实现居家就业。

　　"已识乾坤大，犹怜草木青。"刺绣是一首女儿歌，黄河边的女儿以刺绣言说爱与美。刺绣技艺融合了黄河地区各族的民族性情、生活文化、审美倾向与风俗习惯，各有情态，一样烂漫，共荣于黄河文化中，这正是黄河魅力之所在。

五光十色
锦绣黄河

女红对于古代黄河流域的女性来说是一种极其重要的技术。女子从小学习描花刺绣、纺纱织布、裁衣缝纫等女红活计。其中刺绣是一项极为耗时费力的工作，也更见功力。在常年的飞针走线中，一辈辈的女性将眼中的日月星辰、清风山水，心中的万般情意织进了布匹中，用丝线再造了一个更为斑斓明艳的世界。

蜀绣的色彩来自大自然的光影流动，明亮的光和幽暗的阴影，花朵盛开与凋零时不同的色泽、动物深浅不一的毛色……都是蜀绣的色彩源泉。鲁绣的色彩也是对自然的描写，山东盛产牡丹，几乎所有的牡丹花色都能在鲁绣中找到，绿叶红花，鲜艳亮丽，彰显着蓬勃的生命力。民族地区的刺绣用色更为大胆夸张，无拘无束，比如蒙古族刺绣，利用彩线尽情抒情，多用原色，很少用过渡色，因而色彩明快、淳厚。羌族挑花刺绣的色彩以黑、白居多，朴素大方、清爽明快。而湖蓝、翠绿、金黄则是羌族喜用的颜色。传统汴绣诞生于古都开封，深受文人士大夫的审美影响，多以绘画作品为临摹对象，具有高雅的艺术品位，用色比较讲究淡泊雅致。高平绣活是民间绣娘的情感表达，惯用黑、蓝、红以及鱼肚白为衬底，用淡蓝、金、银等颜色进行搭配，在既对立又统一中达到和谐。西秦刺绣在看似色彩单调的黄土高原绣出了一片流光溢彩，她们喜欢运用大块纯色和强烈的撞色，总离不开鲜亮的红色，辅以黄、蓝、绿、紫，再用黑、白、金、银色绣边、勾勒细节，充满浓郁的民俗风味。

图片设计：林凤

青海湖秋色迷人／苏阳/视觉中国

飞梭织纨素

人们常把黄河称为母亲河。它奠定了华夏之基，孕育了中华古代文明。当"母亲"这一温厚的意象落入黄河儿女的衣食住行时，最贴身的"衣"便引出一段斑斓的黄河纺织史。

漫步黄河边，"慈母手中线，游子身上衣"。这线悠长。新石器时代仰韶文化遗存中就有织物痕迹与石制纺轮、骨针等原始纺织工具。黄河流域孕育出中国最早的纺织技艺与早期丝绸文化，在纺织业重心南移前，中国古代北方纺织业主要分布于黄河流域。这线多彩。农耕、游牧、游猎民族各自就地取材，织布做衣，草木蚕兽分别成为不同地域纺织故事的主角，又合奏出黄河织造与服饰文化创造力的华美乐章。

撷　草

母亲要为儿女缝衣，她开始就近寻觅自然的馈赠。北方寒冬里，内蒙古草原白雪飘舞。一位鄂伦春族母亲走入白桦林，她要寻找原材料，为她的孩子制作出柔韧防水的桦木衣帽。

据考古资料，约三千年前中国北方少数民族已有桦皮制品。鄂伦春族人没有制陶史，他们从广袤的白桦林中采下树皮，煮软缝合，制衣御寒，制器日用，甚至在死后以桦树皮裹尸，由此创造出带着浓郁游猎民族特色的桦皮文化。树皮衣的存在昭示了人类衣着经历了从无纺布到纺织布的发展过程，是人类服饰

内蒙古额尔古纳村庄　刘兆明/视觉中国

史上珍贵的"化石"。

而在隶属农耕文化的四川凉山，德昌县的傈僳族妇女们正围坐在一起，用草搓线。她们身上的火草布裙是自己未出嫁时织成的，比儿女的年纪还大。被当地人称为"牛耳朵草"的火草是山间逸生的野草，叶背白色的纤维层可撕下。傈僳族妇女们将其搓成线，把火草线与麻线穿插织布。火草衣防雨、耐磨、不生虫，似一片飞花飘落西南，生出一段传奇，也成就了一种独特的少数民族纺织品类。

相比桦皮衣的拼接工艺，火草布制衣已有纺织过程。当母亲们掌握了纺织技术，麻、葛、棉在黄河流域纺织史中越发重要，中原地区迎来了棉纺织技术上的突破。

桦树皮器具　视觉中国

居住在四川凉山德昌县的傈僳族人李从会一家三代传承着
"火草麻布"织布技艺　一寒/视觉中国

在山西临汾襄汾县丁村民俗博物馆景区，织女在展示
非遗"丁村土布"制作技艺　李现俊/视觉中国

　　南倚中条山、西临黄河，山西永济的棉花种植历史悠久。春播、夏长、秋收，入冬后人们就用棉线纺织。惠畅土布制作技艺兴于此地。惠畅土布要经轧花、弹花、整棉絮条、纺线、打线等十几道工序织成。汉族地区的土布质地粗朴，风格大方，浓郁的乡土气息传达出织娘们率真实在的品格。

　　在一山之隔的山东，土布又被称为"格子花布"。人们在制作土布的基础上创造了独特的提花织造工艺，实现了从布到锦的跨越。鲁锦以22种基本色线为基础，利用平纹、斜纹、缎纹、方格纹等纹样，为土布增添了色彩鲜艳、对比强烈的图案艺术。鲁西南的织布能手们还能织出狗牙纹、鹅眼纹、猫蹄纹等纹路，她们口中形容纹样的俚语颇多，如"迷魂阵""喜字锦""枣花竹节""外廓城、里廓城，当中坐着小朝廷"等，让人们在未见鲁锦前就不禁遐想。

　　棉花是一个舶来品，原产自印度。棉花在中国的推广种植主要集中在宋元明时期，明中后期棉织物逐渐普及。永济的惠畅土布在元代黄道婆棉纺织技术改革的影响下才日渐成熟。因此，在诸多纺织技艺中，以土布为代表的棉纺织工艺是后进之秀。而在山东，春秋战国时期闻名天下的"齐纨鲁缟"原料是蚕丝，元明之际的鲁锦所用原料才是棉花，它们用不同材料传承了鲁地技艺。在鲁西南地区流传着一则关于"孟母断织"的劝学故事："子不学，断机杼。"故事里有断点，齐鲁地区的织造技艺却传续至今。

山东济南章丘明水古城布坊　视觉中国

蜀锦成品　视觉中国

雕　蚕

在黄河流域，蚕丝比棉花历史悠久。

温暖多雨的四川盆地有"蚕丛之国"的美誉。蜀锦以桑蚕丝为原料，兴于春秋战国，盛于汉唐。古蜀人喜爱象征太阳的红色，红色蜀锦被称为"蜀红锦"，此外黄、青、白、黑也是蜀锦的正色。染色后的熟丝线经纬交织成锦，按照起花方式分为经锦、纬锦，其中以多重彩经起花的经锦为蜀锦特有。三国时期诸葛亮提倡栽桑养蚕，以蜀锦兴贸易、筹军资。成为蜀地重要商品的蜀锦，此后开辟了一条从成都出发，经云南、缅甸、印度、巴基斯坦到中亚的对外连通要道——"南方丝绸之路"。

随着点意匠、制花本、过花本等听起来就很美的工序一步步完成，蜀人织出一面面锦。在甘肃天水，人们则用被称为"软黄金上的雕刻"的丝毯织造技艺，将蚕丝变成一块块毯。

华贵溢彩的天水丝毯经染色、捯线、雕刻等二十多道工序纯手工制成。它能有浮雕般的艺术效果，除了因为采用"8"字扣抽绞打结方法，还因为裁绒技术，即对纹样裁绒留长，留出层次，再进行剪花，使图案呈现雕刻感。明代，迁入天水的回族人民即用蚕丝织毯，此后天水丝毯织造技艺融合了西域文化，又从壁画、书法等艺术中汲取养分，最终形成了有西北文化特色的传统手工艺。

随着黄河流域丝绸织造技艺日臻成熟，丝绸业发展开启了新篇章。

非物质文化遗产蜀锦　仲春之会/视觉中国

非物质文化遗产蜀锦　仲春之会/视觉中国

甘肃天水丝毯　视觉中国

在山东淄博周村，丝绸织造不单是一项技艺，也是从传统行当到现代工业转型的引擎。周村的丝绸业兴起于齐文化发源地——於陵古城，经历唐、宋、明、清，始终在全国领先。尤其在明清时期，周村以北方重要商镇之利，促成了如东来升绸布庄、东元盛大染坊等近代印染民族企业的诞生，铺就了周村如今身为现代丝绸出口生产基地的根基。

山西潞绸也像一个引领者。潞绸是山西丝绸业鼎盛期的代表丝织品，曾与杭缎、蜀锦齐名。它的诞生地长治古称潞州，栽桑养蚕历史悠久。据《山西通志》记载，盛唐时潞绸畅销，山西人曾远赴西域传授丝织技术。宋代之前，中国养蚕业北强南弱，黄河流域的丝绸较江南丝绸更广泛地出现在丝绸之路上。漫长丝路上，晋商屡建会馆。直到明清时期，潞绸仍是出口海外的抢手货，支撑着晋商在这一时期不断发展壮大。

猎 兽

"春蚕到死丝方尽"，农耕地区的人们咏蚕。而在游牧、游猎民族中，狍、牛、羊贡献了别样的织造史。

兴安岭地区寒风萧萧，这里一年过半都是寒冬，气温直抵零下40摄氏度。父亲身披风雪猎回一只狍，坐在炕上的母亲开始缝制狍皮大衣。在内蒙古鄂伦春自治旗，女孩十几岁就随母学习制作狍衣。鄂伦春族人对狍物尽其用，肉可食用，皮毛做衣，头可做帽。狩猎的鄂伦

青海海东的擀毡艺人在弹毛
李隽/中新社－视觉中国

青海玉树治多县嘉洛草原上，藏族牧民在剪羊毛
韩加君/视觉中国

春族男儿头戴狍皮帽，身穿狍皮衣，钻入森林就能隐蔽如一只狍子。袍皮衣帽既可御寒，又可伪装。进入现代社会后，它们成了鲜明的民族标志。无论走到哪里，只要一个鄂伦春族人戴上狍皮帽，族人就会一眼认出同胞。

在同样凛冽的苦寒中，宁夏回族人裹上皮筒子就如同有了救命稻草。由滩羊皮制成的羊皮袄不仅御寒，还轻便、耐用、不发黄。家家户户都会攒钱做上一件，一件能穿二三十年。宁夏的游牧业在西夏时期兴起，这里的绵羊（也称滩羊）与山羊养殖历史悠久，人们以羊为伴、因羊而兴。比皮筒子更精致珍贵的二毛皮，是用出生30天左右的滩羊羔身上的九曲弯穗制成的服饰，如雪飞浪，有"西路轻裘"的美称。如今，皮筒子日渐退出现代宁夏人的日常生活，二毛皮则发展成地方特色服饰与馈赠特产，成为宁夏现代滩羊产业中最具艺术性和创造性的一环。

人们用羊皮做衣，用羊毛擀毡。在西北地区农民大规模进城之前，毡匠曾是十里八乡响当当的职业。生活在甘肃临夏的东乡族，早在元代就使用独特的擀毡工艺。毡匠用最简单的三件套——弹弓、竹帘、沙柳条，制出柔软耐用的毡、被、靴等毛毡制品。不少东乡族毡匠曾远赴青海、新疆等地擀毡谋生。

来到藏族牧民的草原上，人们御寒的手段倚仗羊，也倚仗牛。

牛羊毛编织技艺是四川色达藏族人的传统技艺，牧民穿的衣服、住的帐篷和日用品常取自牛羊毛。藏族编织工艺最早出现在西藏地区的史前文化——新石器时期的卡若文化中。依托西藏地区畜牧业生产的发展，15世纪后藏族民间纺织业兴盛。色达藏族同胞以牦牛、绵羊、藏山羊的毛为原料，织成保温防潮又经用的毛呢、地毯、藏被，依靠它们来度过高原漫长的冬。

没有一个藏族人不在寒日里依恋藏毯。源于编织技艺的藏毯制作在西藏地区成为一项经典技艺。在黄河流域，地毯织造技艺还在内蒙古、宁夏、青海等多地发展出代表性路系。

内蒙古阿拉善仿古地毯是中国地毯五大路系之一。毡匠用洁白的羊毛在漠北风沙里织出中国仿古地毯的鼻祖。蒙古族喜爱象征天空的蓝，深浅不同的三种蓝色成为阿拉善地毯的经典色"三蓝"，也影响了与之有亲缘关系的宁夏毯的配色。宁夏毯的最初技艺由蒙古族兄弟传授，倚靠本土滩羊资源，经数十代人传承发扬，盐池地毯是代表产品之一。盐池县地处西北商贸活动的旱码头与军事要邑，盐池地毯织造技艺容纳了多个民族的智慧。据说，青海加牙藏毯的兴盛与清康熙年间塔尔寺的扩建相关。为供应寺院装饰与诵经坐垫，附近加牙村人

20世纪70年代，西藏的地毯交易　刘铁生/视觉中国

出售中的藏毯　严志宏/IC photo

西藏寺庙殿堂大门挂着的门帘毯　柯炳钟/视觉中国

"祥开万象——故宫与西藏文物联展"展出的清代栽绒蓝地僧侣八宝图藏文毯　盛佳鹏/中新社－视觉中国

第二十六届鄂伦春族篝火节开幕式上，鄂伦春族民众在观看节目演出
侯玉鹏/IC photo

开始制作藏毯。此后加牙村人又随宁夏匠人学艺，使藏毯编织技艺更规范。加牙藏毯的原材料丰富，除了绵羊毛、山羊绒，还有牦牛绒和驼绒。几派织毯技艺彼此交错影响，一样斑斓柔韧，共同蓄存了古而不旧的流光。

印　染

先人们取材织造到最后一步，还需要一点灵趣和运气。纺布和织毯将印染作为工艺成熟后的加工环节。苗族蜡染与自贡扎染则将"染"放大，并悦纳了老天赠予的意外，从而成就了中国民间传统印染工艺的两大代表。

在四川珙县，苗族姑娘们正将蜡染好的布加工成百褶裙。蜡染布广见于她们的围腰、枕巾、门帘等日用品。苗乡处处是蓝白之戏，苗族在秦汉时就已掌握蜡染技术。宋代，蜡染工艺因蓝印花布的兴盛而势衰，但地处西南的苗族人反而得以静静地传承此艺。

苗族姑娘以点或画的方式，将蜂蜡、虫蜡绘在布上。技术娴熟的苗家女儿直接用指甲

贵州丹寨县苗族蜡染传承人张世秀走在自己制作的蜡染工艺品旁　乔启明/视觉中国

在贵州丹寨县蓝锦染艺非遗扶贫工坊，一名当地的苗族妇女正在绘制蜡染制品　视觉中国

苗族专业染娘在百米长卷上绘制的蜡染锦鸡　乔启明/视觉中国

广西柳州的梁桂秋对一幅蜡染作品进行染色　龙涛/视觉中国

云南昭通的苗族同胞向游客展示苗族非遗蜡染制作技艺　张广玉/视觉中国

一名白族老人正在给一件扎染作品拆线　刘冉阳/中新社-视觉中国

经过染色的布料　胡文凯/IC photo

点蜡，样稿只在心间。待土布浸入由板蓝根等常见靛蓝染料调好的染缸里，蜡作为防染剂保护了纹样，使之保持雪白。纹样多为自然纹、几何纹，如蝴蝶、寓意比翼双飞的鸟、与祭祀相关的铜鼓。这是一种以蓝白为主调的艺术，有简洁分明的典雅感，也因手绘，风格更为直白。蜡布在不断翻卷的过程中，会随机渲生如瓷釉开片般的冰纹，这是苗族人与自然游戏时的意外情趣。

四川自贡则保留了四大印花技艺中的另一支——扎染。

扎染技艺在秦汉起源，至唐已盛，在宋代因朝廷抑制奢靡的禁令而日趋衰落。如今自贡传承的一整套精细的扎染技艺，得益于历代民间匠人的整理。它另辟蹊径，用针、线、绳对织物进行扎、缝、缚、缀、夹等动作，再投缸染色。这次，紧扎成为一种保护，未染处保留了复杂多变不重样的花纹。自贡扎染颜色多样，图案除了几何纹样，还包括花鸟、人物。现代扎染大师能完成如吴道子《八十七神仙图》这般线条复杂的作品。这是一种写意式的艺术，成品朦胧飘逸。偶然是扎染成品的必然命运，即便是鬓发如霜的老师傅，面对组合式的反复捆扎，也无法完全精准地预测成品的模样。揭晓成品时，每一位扎染艺人都会带着学徒般的期待。

用于染色的植物　晓焱 /IC photo

捆扎染色后的"布疙瘩"　苏丹/中新社－视觉中国

在云南大理周城村一处小院内晾晒的扎染作品　晓焱 /IC photo

云南大理扎染布　薛莹莹/视觉中国

在云南大理周城村，两名白族妇女在"扎花"
晓焱/IC photo

云南大理的白族女子推着制作扎染的白布
刘冉阳/中新社－视觉中国

　　从树皮到棉麻，从蚕丝到牛毛，黄河儿女的身上衣缝着细密的传奇。就地取材展现了先民对大自然的认知、审美与利用能力。这种古朴的智慧流淌在黄河中，成就了一山一乡之艺，甚至是一地几代之业。这些织造技艺丰富了中国的纺织与服饰文化史，其地域特色还为民族学、人类学等学科保留了样本。尤其对鄂伦春族、苗族等民族来说，纺织技艺是承载其民族文化与精神世界的载体，富含质朴的语言和纯真的故事。

　　此外，在黄河纺织文明里，女性承担了重要角色。她们在幼年学艺，早早准备嫁衣，为母后织造一家人的衣衫，在漫长历史中接力传承着织造技艺。数千年来，黄河沿岸的母亲们用勤劳与巧思，让各民族的美好理想与生活情趣如繁星般闪耀长河两岸。随着社会变迁，纺织与印染行业进入机械化时代，这些传统的纺织与印染技艺均被列为国家级非物质文化遗产。有些小而美，仍保留神秘朴拙，如傈僳族的火草布制作工艺；有些昂首蝶变，奔入现代工业之海，如周村丝绸产业。它们如同黄河的诸多大小支流，汇入同一条兼收并蓄的文化长河。

第五章

古拙剪画

黄河流域木版年画是一种具有本土特色的艺术形态，也是一种追求喜庆祥瑞的观念性艺术。它利用纷繁的表现手段，自成一个十分独特的审美系统。而剪纸艺术，无疑是另一种扎根于黄河民俗文化土壤的艺术形式。它以纸为画布，以剪为笔，创造出一种既简洁又富有内涵的视觉艺术。在艺人们的精湛技艺里，不难看出他们对生活的热爱和对美的追求。

河南开封博物馆内摆放的朱仙镇木版年画木印版 视觉中国

河南开封朱仙镇木版年画社外景　张晓理/视觉中国

浓浓年味儿，吉祥年画儿

若论起中国的节日盛况，"过大年"总是当之无愧的榜首，中国人的"年"洋溢着生命力，人们在这一天怀揣满满的信心与热情，在告别旧日坎坷境遇的同时更要重整旗鼓、喜迎祥瑞。

明代人董纪在《壬戌岁除》中记录下过年时的见闻和阴转晴的心绪：

坐听街头爆竹频，故乡风俗异乡人。

一年今夜情偏恶，万事明朝迹已陈。

灶巷扫除循祀典，州司奔走送门神。

莫嫌夜雨添萧瑟，也为炎荒洗瘴尘。

门神寄托了人们的新年期盼，什么样的门神会被中国人如此仰赖？

最早是神荼和郁垒。相传，东海中有座度朔山，山上生长着一棵大桃树，枝干盘曲长达三千里，此间有鬼门，万鬼由此出入。神荼和郁垒二人就在此检阅万鬼，他们用芦苇编成绳索将恶鬼捆绑喂虎。后来黄帝以此设立驱鬼的仪式，立桃人，在门上画下神荼、郁垒和虎，还挂上芦苇绳子。这草草而成的"桃符"，正是年画的雏形。

唐代，门神变成了帮助唐太宗建功立业的名将秦琼和尉迟敬德。相传，唐太宗卧于病榻时，听到门外鬼魅肆虐呼号，害怕不已。秦琼和尉迟敬德守在门外后，果然一夜相安无事。唐太宗便将两位大将的形象画在宫门两侧，百姓们也争相效仿，沿袭世代。

河南：木版年画发源地

看年画，总少不了河南的记忆。

隋唐两朝国力强盛，老百姓生活安稳滋润，欢乐祥和成了当时的主旋律。贴年画的喜悦氛围逐渐蔓延开来，富裕人家开始请画师作画。雕版印刷术也开始出现，在河南开封等地初具规模，年画正式进入批量生产的时代。

沈括在《梦溪笔谈》中记载，北宋宫廷曾命画工摹拓下唐朝著名画家吴道子所画的钟馗，制成年画门神，在除夕夜时赐给两府辅臣。不难想象，这位以画人物著称的"画圣"，笔下的钟馗该有多么震慑人心。还有一种说法认为，"钟馗"原为"终葵"，是一种驱鬼的法器，唐时演变成辟邪驱鬼的"大神"，大约是接下了神荼和郁垒的工作。不管怎样，钟馗在此时

朱仙镇木版年画老艺人制作的雕版　视觉中国

朱仙镇工匠使用雕刻技艺制作木印版　视觉中国　　　　朱仙镇年画　读图时代/视觉中国

就像是"贺年明星"一般备受人们追捧。

民间的年画市场此时也欣欣向荣。孟元老在《东京梦华录》中记载了年节前后北宋都城东京（今河南省开封市）的热闹景象，当时市场上已经有不少专门印制木版年画的作坊，众人争先恐后地挑选喜爱的年画样式。画师的画稿被画工雕刻成年画画版，继而印刷制成年画，走进千家万户。

百姓热衷于张贴年画的习俗从何时兴起？大抵要追溯到宋太祖赵匡胤建立北宋时。相传赵匡胤不喜欢独自赏玩字画，而是主张要与民众共赏。他曾将名画赐予东华门外的茶馆，首开茶馆、酒楼挂画之风，不仅引起了民众挂画的兴趣，时间一长，也促进了民间年画市场的发展。

木版年画与河南的渊源不止于此。河南地处中原腹地，自古便是中原中心，接壤河北、山东、山西、江淮一带，交通四通八达。隋朝大运河开凿后将长江与黄河贯通，汴渠途经开封直达长江。便利的运输条件促进开封的经济发展，年画行业也趁机以此为据点向四周蔓延，逐渐涉及江浙、山西等地。

河南开封的年画行业蒸蒸日上，也惠及周围诸多地区。朱仙镇位于开封西南边，一条贾鲁河流经全镇。贾鲁河属于淮河水系，也是黄淮相连的重要水道和南北漕运干线，河面上舟楫络绎不绝，两岸店铺林立，各地商人汇聚此地。

鼎盛时期，朱仙镇门神年画远销全国，整个行当养活了附近三十多个村庄，三百多家年画店曾创下年产高达数百万张的纪录。在明清时期，朱仙镇甚至与汉口镇、景德镇、佛山镇齐名，进入"中国四大名镇"行列。

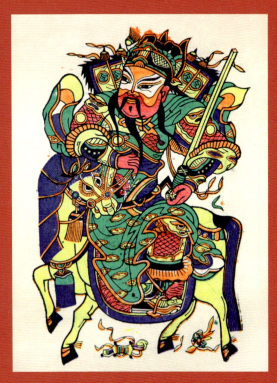

门神年画　IC photo

河南滑县民俗博物馆展出的木版年画　IC photo

正如其名，朱仙镇这方宝地汇聚起众多"神仙"。农历九月初九是朱仙镇的"门神商会"，戏要唱足三天，年画的各个行当要在关帝庙、岳飞庙前挂牌营业，开启一年一度的批发集市。山东、甘肃、河北、江苏、湖北、安徽、福建等地的年画市场，不出数日就能看见朱仙镇年画的身影。

朱仙镇的老艺人们多采用水印套色技法，相较手绘来说更加高效。浑厚线条加之绿、紫、朱磦、水红为主的色调，成为朱仙镇年画的美学基调，画面质朴，具有力量感。

描绘秦琼、尉迟敬德的门神年画依旧是朱仙镇年画的经典款式，二人因骁勇善战自然成了民间最崇拜的"门神"。画脸谱、着戏装、摆功架的戏曲扮相，与当地浓厚戏曲氛围有关系。北宋开封出现了剧场雏形——瓦子，镇上戏楼众多，全国著名的戏剧班子齐聚一堂，更引来许多表演杂剧的"名角儿"，隔三岔五在庙会亮相演出。朱仙镇门神年画像是从戏中走出来的，手中执锏的是秦琼，手中执鞭的是尉迟敬德。

位于开封东北部的滑县，也盛产年画，却以祭祖的家堂画为主。滑县年画的制作方式与朱仙镇稍有不同，画工将图案雕刻在梨木板材上，之后施以墨料将线条轮廓印制在宣纸上，再进行手工彩绘上色，这种制作方式常被称为"半印半绘"。粗犷有力的线条加之大红、大绿、大黄等鲜亮的主色调，展现了当地百姓对生活的无限热情与活力。

滑县的家堂画尺幅大，适合挂在家中中堂，上部是祖先画像，两侧留出大面积空间用于记录族谱，其余部位多画有昭示祖先美德与丰功伟绩的牌坊，以及石狮、松、鹤等象征平安、长寿的祥瑞图案。

山西平阳、陕西凤翔：唱不完的戏曲故乡

山西西南部的平阳（今山西省临汾市）地处黄河支流汾河下游，汾河自北向南流经此地，东倚太行山，西北靠吕梁山，西邻黄河，与陕西隔河相望。因其地理位置特殊，这块盆地自古以来就是兵家必争之地。此外，丁村人遗址、尧都、晋国故土……先前的各种身份使得这里积淀下深厚的文化内涵。

金灭北宋后，平阳成为金代重镇，不少开封的能工巧匠来到平阳，促使平阳雕版印刷业日益兴旺。平阳也成为金代北方雕版印刷中心之一，官府和民间在此设置出版机构、书坊，

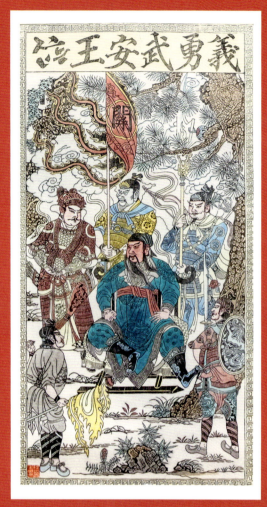

山西平阳木版年画作品　IC photo　　　　　　木版年画《四美图》　视觉中国

更影响到陕西、河南、山东等地。

　　不论是平阳的书籍，还是平阳的年画，都离不开名扬天下的"平阳麻纸"。相传汉代蔡伦将改进的造纸术带到平阳，并在此地为朝廷造纸。此外，木版年画还用到了山西稷山的竹纸和用来制作雕版的枣木。平阳的百姓平日主要雕刻印刷书籍，空闲时一并制作年画，像《四美图》《关公像》就是保存至今的经典作品。

　　有农耕文明烙印的神祇画是黄河流域大多数地区常见的年画种类，平阳也不例外。在平阳年画中，拂尘纸画别具一格。黄土高原多风沙，晋南地区的人们多居住在窑洞里，为了防风除尘，喜欢将窑洞门窗墙壁、橱柜，甚至是桌子边上都贴上拂尘纸画，一来方便拂去尘土，二来美化自家的房屋。

平阳"产"戏，当地百姓也喜欢看戏，平常干着农活还在津津有味地聊着戏。不仅如此，他们还将戏曲故事画在拂尘纸上，一张拂尘纸能画一张大画，也能画下四戏四图。经典的剧目还会被分为四个场景，并画在同一张纸上。取材于《三国演义》的《火攻计》，就用四张图呈现了一出戏剧的经典连续片段。

平阳还有一种纸灯画，也别有味道。每年上元节，当地都要举办赛灯会，各家各户会挂出好看的灯笼，走马灯、玻璃灯、宫灯是有钱人家的玩意儿，老百姓只能自己动手做灯笼。做灯笼时要糊上灯画，民间艺人就借此机会发挥自己的奇思妙想。现在还能看到具有浪漫色彩的灯画《游西湖》，它描绘了一对年轻男女乘坐船只惬意游湖、猜拳玩游戏的生动景象。

与平阳隔黄河相望的陕西，也是年画的故乡。陕西凤翔的年画让人不禁联想到浑厚硬朗的秦腔，风格阳刚大气，线条舒展，色彩艳丽。凤翔木版年画从最初单色印刷、手绘上色

陕西凤翔木版年画　张恺欣/视觉中国

陕西凤翔木版年画　石宝琇/视觉中国　　凤翔木版年画　IC photo

演变为套色印刷，再加以手工开光上粉，为人物平添许多神采。凤翔人贴年画也有自己的规矩，不同种类的年画都有对应的位置，就连张贴门神，都要严格遵照辈分。

凤翔人还喜爱张贴"戏文画"和吉祥画。陕西人听秦腔，堪比山西、河南人看戏的热烈。戏曲故事、古典名著是当地人的老生常谈，当地人还结合戏曲题材和生活经验创造了一系列"戏文画"。吉祥画由取材于传统文化中的吉祥语加之谐音规律创作而成，也成为百姓家中寓意圆满的艺术佳作。

山东：年画的本土改造

山东境内，有隋唐与明清时期开凿的两条大运河相聚首，沿岸城乡一片生机勃勃，巧匠、商人络绎不绝。

山东潍坊杨家埠木版年画　视觉中国

明清时期，正值山东年画行业的鼎盛时期，东部有以潍坊为中心的杨家埠年画，西部是以聊城为源头的东昌府年画。而潍坊杨家埠年画更与天津杨柳青、苏州桃花坞并称为"中国三大木版年画"。

当地农户忙时务农，腊月闲时制作年画，一家人就能经营一家画店。当时的行业分工也已经完善成熟，不同村庄之间还能实现流水化作业，各自完成年画制作中擅长的工序。杨家埠年画一度远销至山西、河南、东北与江淮一带。销售形式也灵活多样，有坐庄在本地销售的，有到外省走街串巷的。无数人甚至从外省远道而来，只为第一时间抢购到心仪的年画。整个年画产业出现了"画店百家、画种上千、画版上万"的盛况，年画的年产量甚至能超过5000万份，这在今日听起来都让人惊叹万分。

乡土气息是杨家埠年画一大特色，年画中洋溢着齐鲁文化中的阳刚与乐观。门画、炕头画、中堂画、条屏画等十多种类型，都为百姓装点庭院房屋而作，题材也都来自农民的日常生活。杨家埠年画最初采用"半印半绘"的制作方法，大体分为"朽稿画样、雕刻木版、手工印刷、烘货点胭"几道工序，画工用香灰或者木炭条画下画稿，再将画稿反印在梨木板上，进而雕刻印刷，最后涂染人物面部细节。红绿等色彩的结合，生出一派热烈的生命力。随着年画需求扩大，为提高生产效率，木版套印也逐渐替代了手工涂染的工序。

山东潍坊杨家埠木版年画　视觉中国

　　在悠悠数千年的生活中，风调雨顺、五谷丰登是农民最朴实的愿望。《男十忙》记录了农民一整年中从种麦到收割的农耕过程。局促的纸面促使画工打破了时空的限制，构图也因此错落有致。年画顶端写有这样一首诗："人生天地间，庄农最为先。五谷丰登岁，太平丰收年。"这足以看出农民们对岁岁年年丰收的祈盼。《女十忙》则对应描绘女子从纺线到织布的逐个步骤，年画也成为指导人们务农缫丝的挂画。除此之外，家家户户还要贴一张用来查阅农事节气的《春牛图》，每当人们查阅节气时令时，看到年画中的图案，就像是看见了题诗中的好光景——"新春天喜福星来，人人遇见大发财，庄农遇见收成好，买卖遇见财见财，出门遇见喜见喜，开市遇见福气来，修盖遇见发宅舍，人口兴旺无祸灾，有人遇见新春画，运气顺妥银钱来。"

　　山东高密的画工也常使用木炭条起稿，但不同的是，高密扑灰年画是在文人画和庙堂壁画的基础上发展而来，以手绘为主，写意意味极强，更有"民间写意画"之称。其中，传统的"老抹画"以墨色为主，极富意境，画工匆匆几笔抹过，人物就有了神情，姿态也变得栩

山东高密扑灰年画　读图时代/视觉中国

栩如生。另一路画工作画时喜爱"抹"色，用色彩"抹"出的年画，站在远处望去就能抓人眼球、打动人心。

如果说杨家埠年画洋溢着乡土气息，那东昌府年画则更注重其在日常生活中的实用性，比如扇面画和"书本子"。"书本子"是当地女子的嫁妆，专用来存放女性做针线活要用到的鞋样、绣花画稿。画店往往会用制作木版年画的方式兼印折扇的扇面画和"书本子"，题材也多是戏曲故事和舞台人物。看得出来，东昌府人对戏曲的喜爱程度完全不亚于河南人民。

正如董纪说的那样，旧年中的落寞与萧瑟，随着日历的开阖终将归于旧章，萧瑟冰冷的夜雨也能将满落尘埃的世事涤荡。中国人过年注重仪式，人们打扫屋子，张贴新的"门神"把守门户、护佑家人。年画作为民间艺术的重要成员，肩负着一代代百姓对生活的期许。在时间的洗礼下，它仿佛历史的一面镜子，映照出璀璨斑斓时代的诸多迷人细节。

中国国家博物馆馆藏潍坊杨家埠年画　视觉中国

金沙滩

杨继业　杨大郎　杨八郎　杨三郎　杨五郎
杨二郎　杨七郎　焦赞　杨六郎　杨四郎
孟良

张传信　中国缬少年画社　刻

大年三十，人们在贴窗花　刘宝成/视觉中国

剪出欢喜活泼，万般变化

也许是工具材料过于便利，或者是中华女子的双手太过灵巧，黄河两岸总能不约而同地被各地巧手装点如画。"夕贴春联彩胜""二七、二八贴花花"，每到春节前，大概是中华大地上最繁忙的时候，家家户户不仅要张贴年画，还要装点门窗壁橱。这时候，剪纸技艺就派上了大用场。柔软的一方红纸，大抵汇聚了女子们溢满心扉的柔情，这方心思里有对新年的恭贺，有对阖家安康的希冀，还有对未来岁月静好的无限祈盼。

为了迎接这一天，女子们准备了很长时间。从阴历十二月二十三、二十四，山东人就开始清洁房屋，待窗明几净时，腊月二十七、二十八就是张贴年画、窗花的日子。河南的剪纸意趣横生，不论是"老鼠吃葡萄""狮子滚绣球"，还是"五谷丰登""六畜兴旺""四季平安"，都会在一年中按时登上百姓家的门窗。游牧民族的剪纸艺术别有洞天，有驰骋的牛羊，有开阔的原野，也有对自然的向往和对生活的热爱。最让人动容的要数黄土高原上的民居窑洞，黄土满天飞扬、剪纸的底色一望无垠，纸糊的窗户上一旦有了女子手剪的张张花纸，大地的苍茫与粗糙也都变得温情和细腻起来……让我们随着黄河水流的方向，看一看千家万户门窗间花纸透过的柔光。

甘肃庆阳华池县山庄乡窑洞院里的妇女们在剪窗花，准备迎新年　左雪兰/视觉中国

内蒙古、甘肃：剪纸之上是生活

　　和林格尔地处阴山南麓，正如书中记载，这里的游牧民族"逐水草而居"，这里"草木茂盛，多禽兽"，他们是"马背上的民族"，整日驰骋在辽阔的草原上。

　　古时候这里聚集着许多民族，来自五湖四海的人们有着不一样的面貌，操着不同的口音，人物也就成了和林格尔剪纸中常出现的题材。

　　鹿在牧民心中是祥瑞的象征，《魏书·世祖纪》中提到："率其部数万骑，驱鹿数百万。"小鹿回头叼着草、嗅着花，如此场景像是不经意间的一瞥，大概只有深谙草原本色的剪纸艺人，才能轻松自如地将这番景象剪在红纸上。马也是牧民离不开的伙伴，涉及小马驹的剪纸图案常常展现其坚实的鬃毛、精致的马鞍，以及粗壮的马尾。锯齿、月牙的纹路常常让草原骏马更显膘肥体壮。

　　和林格尔剪纸还常出现一种"送宝"题材的作品，人们肩挑扁担，扁担两头的篓子里各有一条大肥鱼，表达了人们对富裕生活的向往。类似的对称构图在北方剪纸图案中屡见不鲜，因为在中国传统文化中，偶数、对称还象征着吉祥和平和。

　　甘肃处于黄土高原、青藏高原、内蒙古高原的交汇处，这里地形狭长，集齐了山地、高原、河谷、沙漠等各种地貌。著名的河西走廊就处于甘肃西部，这里多民族聚集，多元文化带来的冲击和影响，使得甘肃剪纸呈现出豁达包容的天性。渭水两岸的陇中地区，地势开阔平坦，百姓平日里精耕细作，性格粗中有细，剪纸则更显秀气雅致。以庆阳、平凉为中心的陇东地区地理环境相对封闭，剪纸中保留了早期的古朴色彩。

甘肃剪纸多体现民俗生活和观念。甘肃人过日子，寻求的是团圆，他们将这份心意也密密表露在剪纸上。《陇东年俗》是当地人家的年节大合照，孩子们正在帮大人在窑洞门窗上张贴年画，大人们在忙碌地干着农活，老人坐在院落中晒太阳，鸡、鸭、鹅在院落中跑着，孩子们嬉笑玩耍，就连枝丫都在等着新年的到来，迫不及待地想要绽开新蕾。甘肃人剪子下的意象排布有序，彼此没有重叠、遮挡和缺失，巧妙营造出疏密错落和无穷的想象空间，更倾注了些许归家思绪。剪纸艺人不仅追求寓意上的圆满，也追求画面上细节丰富和场景完整，剪出的不只是年节景象，还有甘肃人对生活的热爱。

娃娃剪纸：窑洞人家的"保护神"

歌谣传唱到黄土高原，就有了新的旋律，如果用雄壮粗犷形容陕西的风，那陕西的土便沉淀了浓厚的汉唐色彩。陕西地区剪纸造型简练、夸张，风格随意大胆，而陕西妇女心中最爱的，大抵就是那可爱俏皮的剪纸娃娃。

陕西安塞的妇女想给家里添丁增福，就用大红纸剪出"抓髻娃娃"。临潼地区的人家还会在正月初五时剪纸人"送穷"，这个习俗在当地人心中极为"奏效"，将一张剪好的纸人扔出门外，"穷"也就被一起带走了。

山西也有剪纸娃娃，还流传着有关剪纸娃娃的歌谣："抓鸡娃娃脚登梅，咯咯鸣唤得小子来。三童抱石榴，四世同堂住金楼。童子骑葫芦，五毒

陕西凤翔民间剪纸作品《小童献寿桃》
石宝琇/视觉中国

甘肃剪纸作品"抓髻娃娃"系列
杨艳敏/中新社－视觉中国

瓶里收。"中阳剪纸保留着浓郁的山野气息，其画面气质粗犷质朴，题材也展现了当地老百姓最纯朴的观念和风俗。

许是得益于偏远的位置，在山西吕梁地区的中阳剪纸中总能看见悠久的图案。早在新石器时代，这里就出现了冶炼术和刀器。岩画、陶器、青铜器上的造型风格，也影响了后世的剪纸作品。中国的剪纸历史最早可追溯到西周时期，据《史记·晋世家》记载，周成王把梧桐叶剪成圭的样子，之后把唐国（今山西省翼城县）赐予弟弟叔虞，封他为诸侯。类似树叶这样可以剪裁的轻薄材料，在当时还有金银箔、缣帛、皮革等。

中阳剪纸可以说是劳动女性的生活速写，早年的阿婆们多不识字，但她们深谙当地文化，并且对"做活儿"样样精通，想到什么就剪什么，把她们心中所想、所愿化作不绝如缕的创作灵感，在剪纸中传递出美好寓意和祝福。随后阿婆又将手艺传给了她的女儿，巧手的女儿又传给自己的女儿。待到婚嫁那一天，剪纸的种类更加繁多，墙花、窗花、门花、门帘花、嫁妆花……一整套红火喜庆图案的剪纸，少不了"龙凤呈祥""二龙戏珠""喜鹊登梅""团花喜字""福连万字"……令人眼花缭乱的图案装点在新房内，它们是世代母亲跨越时间传递下来的祝福。"抓髻娃娃""枣山娃娃""抱瓜娃娃""十二生肖娃娃"此时也派上了用场，娃娃身边花朵枝蔓相互缠绕，小鸟、蛇、鱼、虫、兔等动物穿梭在枝丫中，仿佛在一同庆贺迎接新生命的到来。

窑洞中的人家，每逢年节便用剪纸装点窑洞。家家户户各有不同，远远望去，俨然一座剪纸博物馆。黄河地区巧手的媳妇儿，还通过剪纸技艺将衣物被褥上的绣花图样保留下来，每当女儿出嫁，母亲们准备好各种各样的剪纸图样，夹在小本儿中，放在妆奁里陪伴女儿过一生，而这"福本子"也就多得了个称号——"娘家的本"。随着时光流转，美丽的图案经由无数母女口传心授，就这样铭刻在一代又一代剪纸艺人的职业生涯中。

河南、山东：剪纸历史源远流长

中原的大地上常响起一首广为流传的剪纸歌："正月里，剪彩灯，彩灯高挂堂屋中。妖魔鬼怪全照跑，一年四季都安宁。二月里，剪条龙，放在门前小河中，风调雨顺太平世，保佑五谷能丰登。三月里，剪桃花……"旧时光里，人们热衷剪纸，也时常剪纸，他们每个月

河南洛阳的"90后"非遗传承人畅杨杨创作的"欢度国庆"主题剪纸作品　视觉中国

威海剪纸作品　IC photo

都要剪出映照时节的图案，用来装点生活，祈求一年顺遂安康。

时间久了，黄河流域一带的艺人们就练出了各种奇妙的剪纸绝活儿，但他们往往只需要最朴素的工具——剪子。南方人剪纸多用刀和剪，用剪子修轮廓，用刀悉心刻细节；北方人的剪纸却是粗犷洒脱，剪刀在艺人手指上下翻飞舞动，不一会儿，他们就能将一张大红纸变成活灵活现的样子。更令人惊叹的是，这些民间艺人多不具备专业的美术功底，没经过审美训练，也不受限于结构、形体、透视等种种规则，而是全凭对生活的热爱和观察，随心所欲地摆弄手中的剪子，将眼中事物和心中所想转化为二维形象，落在纸张上。剪纸艺人凭借生活经验润色出的图案和刀痕，反倒是别具一格。

位于中原中心的河南剪纸技艺由来已久。南宋周密在《志雅堂杂钞》中记录下曾经汴梁售卖剪纸的热闹景象，还提到有一位剪纸少年能将手藏在衣袖中自如剪出各类花朵和字样。宋代造纸业日益发达，纸张被制成各类生活用品，纸钞、纸马、纸扇、灯笼、窗户纸……剪纸的装饰效果极强，门类也越加精细，春幡、灯花、皮影、窗花、礼花……备受百姓青睐。

花簇造型的剪纸向来是河南剪纸艺人的拿手活。剪出各种惹人喜爱的样式，用来制作头饰，就成了早时最受女子们追捧的浪漫，这种头饰被称为"闹娥儿"。自晋唐开始，每到立春，女孩子会将金箔或者彩帛剪出燕子、花朵、人的形状，佩戴在头上、身上，或贴在屏风上，还可以互相赠送，取焕然一新的好意头。

类似带有祈福纳祥之意的剪纸，在河南豫西的卢氏剪纸中常能见到。每逢岁时年节、生日寿礼或是新人婚嫁，当地人都要张贴寓意吉祥的剪花。带有红双喜字的顶棚花，四角还有固定的花样，少不了蝴蝶、鸳鸯、牡丹、鲤鱼戏莲等传统图案装点其中。或许是复杂的纹饰往往无需过多的色彩，单色剪纸就是卢氏艺人的审美法则。

卢氏剪纸艺人会珍藏自己的剪花图样，他们往往采用"熏样"和"弹样"的方法，将画稿快速完整地拓印下来。将白纸浸湿粘贴在木板上，再将剪好的图样贴到白纸上，然后用油灯燃起的黑烟反复熏染，揭去图样后就得到了一张完整的画稿，这种方法叫作"熏样"。如果用颜料代替油灯产生的黑烟，在纸上没有覆盖图样的地方涂染上颜色印迹，这种方式就叫"弹样"。

山东的胶东剪纸早在宋代就广为流传，不太一样的是，胶东人的剪纸要贴在娶亲时的礼物中，饽饽、猪头、米面盘等各物件都要贴上礼花剪纸，必然少不了"五子登科""莲生贵子"等祝福新人的图样。胶东剪纸在构图上还会遵循民居窗户样式，旧时的木棂子窗、格子

民间剪纸艺术
视觉中国

窗上有棂梁，剪纸艺人就将剪纸依循窗户结构裁成条状。《百子图》《博古图》《百美图》……繁复热闹的文人题材是胶东人的最爱，未张贴时的条状剪纸还能拼接成一个完整的画面。

山东烟台，东临威海，有山、靠海，海岸线超过1000千米，有名山胜水、各色物产，是古今世人心向神往的"仙圣居所"。在这片富饶土地上生活的人们，剪出来的是瓜果飘香和六畜兴旺的场景，而一旦跟鱼相关，就有了"金玉满堂""连年有余""鲤鱼跳龙门"的美好寓意。大海的味道，化为了烟台人对海洋的信仰和崇拜，渔港、鱼虾、鸭鹭、打渔郎……也就成为当地人剪子下源源不绝的创作灵感。

正月十四是渔灯节，蓬莱地区的渔民们一早就开始准备祭海仪式，码头上鞭炮锣鼓齐鸣，人们载歌载舞、竖龙旗、舞龙灯，抬着全年捕到的最大的鱼和其他祭品。传说中，龙王专司当地的云雨和海域，因此家家户户还张贴带有龙图样的剪纸，以盼望生活风调雨顺。如此宏大的节日盛况，竟被剪纸艺人收入囊中，只靠一张剪纸就能娓娓道来。

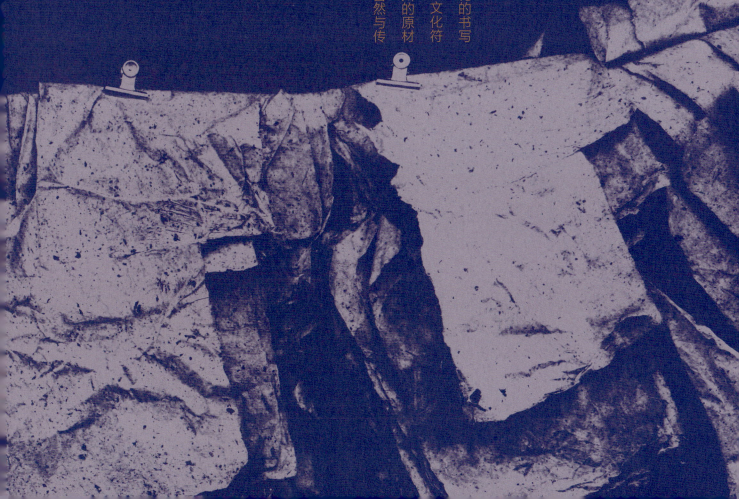

第六章

风雅纸砚

在古代中国，纸与砚总是与士大夫书斋紧密相连。时至今日，虽然中华文化的书写工具发生了巨大的变革，但是纸与砚依然活跃在文化舞台，同时也成为黄河的文化符号、文明密码。造纸与制砚的传统技艺历经千年沧桑。精湛的工艺加上取自山川的原材料，以及历代文人墨客秉持的哲学思想和审美追求，让看似平凡的器物拥有了自然与传统的无形之力。

传统纸艺　视觉中国

山东济宁纸坊村村民把捞出的桑皮纸进行晾晒　王齐胜/视觉中国

一纸千年

纸在我们的生活中无处不在，是书写和印刷的主要载体，也大量应用于包装和卫生清洁。但，如何定义一张纸？

纸是由含植物纤维的原材料经过制浆、调制、抄造、加工等工艺流程制成的能任意折叠的片状物。纸与天然纤维片最核心的区别，是看它的纤维是否经过切断与重排。最早的纸出现于西汉，但工艺比较原始，纸的性能还很差，所以未能普及开来。直到东汉时期，蔡伦改进了造纸术，利用树皮、破布、麻头、旧渔网等各类纤维为原料，又改善了工序，不仅让纸的性能得到很大提升，还使成本大大降低。纸终于具备代替笨重的竹简和昂贵的丝帛的可能性。改良后的造纸术，逐渐从中原向四方传播。各地纸匠因地制宜，选用本土植物作为原材料并改进制作工艺，各类新材料、新形式的纸层出不穷，麻纸、皮纸、藤纸、竹纸、草纸……组成了庞大的手工纸家族，蔚为大观。

楮皮纸

以蔡侯纸为代表的早期手工纸以麻纸为主，虽然有原料便宜、吸水性强、柔软、耐磨等优点，但因为麻的纤维粗糙，麻纸作为书写用纸还是略显逊色。而纤维更长的树皮就进入了纸匠的视线。有学者考证，蔡伦造纸时掺入的树皮便是楮树皮。在汉末魏晋时期，楮皮纸便已流行于坊间了。

迁徙而来的绣眼鸟在玉渊潭公园的构树上觅食   视觉中国

楮树又名构树、榖树，属于桑科，是中国本土常见的树种，大江南北均广泛分布。其树皮纤维强韧细长，表面洁白平滑，发亮光，与麻类纤维原色有很大不同，经过加工后可抄成绵软的薄纸，不经漂白也可抄成一定白度的纸。据三国时期吴国陆玑的《毛诗草木鸟兽虫鱼疏》记载，楮皮制成的纸"长数丈，洁白光辉"，此时楮皮纸已经工艺成熟，被作为名产了。国宝级书法作品《兰亭集序》神龙本的用纸即为楮皮纸，此纸白色间浅灰色，表面平滑，似经砑光，纤维束少见，制作精良，是皮纸中的上乘品种。古人对其有"败楮遗墨人争宝，广都市上有余荣"的赞美。唐宋时期，古代手工纸中最负盛名的"奢牌"谢公笺、高丽纸、澄心堂纸、金粟笺等名纸，据考证都是以楮皮纸制作工艺为基础制作而成。古人钟爱楮皮纸，"楮"甚至成了"纸"的代名词，出现了"楮墨""尺楮"等说法。

如今，古法手工制纸的技艺仍在传承。虽然各地制纸工艺的细节略有差异，但大体上仍采用蔡伦造纸所使用的方法，离不开"采料、蒸煮、制浆、抄纸、揭纸"等基本流程。

横亘于中国大陆中部的秦岭，其山脚下是造纸术的发源地之一，古老的西汉灞桥纸就在这里出土。陕西西安市郊的北张村，自古以来便是重要的造纸基地，当地百姓依靠山区丰富的楮树资源，制造的楮皮纸不仅供应皇室，更远销全国各地。"仓颉字，雷公碗，沣出纸，水漂帘"这首不知流传了多久的民谣，细说着北张村那悠久的造纸史。过去这里家家户户都有造纸作坊，直至今日，北张村的纸匠们仍使用压杆、石缸、竹帘等简单的工具，制造传统的楮皮纸。

陕西北张造纸技艺所用树皮原料　古橙文化/视觉中国

陕西西安北张村手工造的纸张　古橙文化/视觉中国

离开关中，各地也有楮皮纸的身影。甘肃陇南西和县刘河村，选用本地特有的野生构树皮为原料，造出的西和麻纸纸张柔韧、千年不腐。楮皮纸成为当时公认的优质手工纸品种，楮皮纸制造工艺不仅遍布全国各地，甚至远渡重洋，传播至朝鲜、日本、越南等地。

桑皮纸

中国是世界上最早驯养家蚕、缫丝织绸的国家。男耕女织，遍地桑麻，养蚕所需的桑树便成为中国古代最重要的经济树种。桑树全身都是宝，除了桑叶喂蚕、桑条编筐，桑树更是造纸的好材料。桑皮纸，在皮纸家族中同样享有美誉。

桑树皮纤维是常见的几种皮料中最长最大的，从桑树皮中分离出白色的第二层皮——桑穰，是制纸的绝佳原料。桑穰制成的纸柔嫩、拉力强、吸水力强、耐折度高，并且防虫、不褪色、着墨后黑白灰层次分明。一经面世，就得到书法家的赞誉和追捧。宋人苏易简的《文房四谱》载："雷孔璋曾孙穆之，犹有张华与其祖书，所书乃桑根纸也。"由此可见，桑皮纸

工人们在刮桑树皮　视觉中国

新疆吐鲁番三个桥村桑皮纸传承人沙塔尔·司马义用木锤捣桑皮
蔡增乐/视觉中国

河北迁安手工造纸　李胜利/IC photo

在魏晋时期已经出现。宋代刻书成风，许多名著都是选用桑皮纸制作而成，大名鼎鼎的《资治通鉴》成书后便选用桑皮纸印刷。

古法制作桑皮纸的技艺在大江南北落地生根。

河北迁安的桑皮纸品质优良，手感柔软细腻、结构均匀、拉力强、吸水性好、不腐不蛀、搓折无损、永不变色，有"重彩""重水""重墨"的特点，曾在历史上与宣纸并称为"南宣北迁"，如今被认定为中国国家地理标志产品。

山西高平市永录村，世世代代以造纸为业。当地有"有女不嫁永录村，每日起来站墙根"的民谚，其中"站墙根"就是指造纸过程中晒纸的环节，可见造纸业在永录的普及程度。曾经的永录村约80%的家庭以造纸为生，制作的桑皮纸畅销本省及河南、河北等地。永录村桑皮纸制作要细分为起皮、泡皮、浸石灰、蒸煮、制浆、捞纸、晒纸等36道大工序、72道小工序，全部算下来要用半年的时间才能制作而成。如今，村民王志宁成立了"古法桑皮纸文化传习坊"，仍在传承这门流传多年的手艺。

山东曲阜市的纸坊村，从宋代起就以制作桑皮纸为业。纸坊村的桑皮纸有拉力、有韧劲，除了书写，还有一种特殊用途。当地的酒坊一直以猪血和石灰作为黏合剂，将蛋清、蜂蜡、熟菜籽油等以一定比例调和涂擦在盛酒的容器内，再裱糊数百层桑皮纸，晾干后可以保持酒的味道和颜色十年不变，而这种特殊的工艺"装酒滴酒不漏，装水挥发殆尽"。如今，村里仍有二十余户人家从事造纸工作。

在山东曲阜王庄镇纸坊村，人们用古法制造桑皮纸　袁鹏/视觉中国

夹江纸

革新了造纸术的蔡伦，被朝廷封为龙亭侯，封地在如今陕西省汉中市洋县龙亭镇。蔡伦去世后归葬龙亭，当地至今仍有蔡伦墓祠，而龙亭也成为汉中地区的造纸业中心。后来，造纸技术又翻越蜀道，传播至巴蜀地区。四川乐山夹江县以造纸闻名，是著名的"中国书画纸之乡"。

夹江是中国著名的竹纸产地，夹江纸以当地盛产的竹为原料。早在唐宋时期，夹江生产的手工纸就因种类多、品质优、产量高而闻名天下。蜀笺作为夹江纸中的"招牌产品"，名满天下。据说，定居成都的唐代才女薛涛所亲制的名纸"薛涛笺"，其工艺也是传承自夹江。到了明代，夹江造纸业已成为当地的支柱产业，当时全县的纸产量已经占到全国的三分之一。清代，夹江纸迎来辉煌的巅峰期。康熙年间，夹江上贡朝廷的"长帘文卷"和"方细土连"二纸经康熙皇帝亲自试笔后，被钦定为"文闱卷纸"（科考专用）和"宫廷用纸"。因此，夹江也赢得了与安徽宣城齐名的"抄纸之乡"的美誉。抗战时期，宣城沦陷，退往西南的国民政府以及社会各界的用纸需求全部仰仗夹江供应，使得夹江纸更加深入人心。而一代宗师

四川乐山夹江书画纸制作过程　久香里/视觉中国

张大千更是亲至夹江，与纸匠共同研讨，改良工艺后生产出"大风堂"蜀笺也被称为"大千纸"，成为中国文艺界的美谈。

在夹江县古佛寺中有一座立于清代道光年间的《蔡翁碑》，其中"砍其麻，去其青，渍以灰，煮以火，洗以头，舂以臼，抄以帘，刷以壁"这二十四个字，高度概括了夹江手工造纸沤、煮、捣、抄四大环节共72道工序的全过程。夹江县的马村严格遵循古法造纸工艺流程，如今依然是当地的造纸中心。只是，由于多年的过度采伐以及当地毁山破竹的行为，水竹、白甲竹等原料数量锐减，只能用蓑草和慈竹代替，品质有所下降。虽然夹江的手工书画纸制造技艺被列为国家非物质文化遗产，但面对现代化机械造纸企业的冲击，传统手工纸如何生存并继续传承，对当地从业者来说仍是个不小的难题。

纸在世界文明中扮演了极为重要的角色，文明虽各有不同，但对于纸张的青睐却出奇地一致。竹简太沉，丝绢太贵，只有轻盈的纸才能让人们酣畅自如地书写文字、传递信息。中国的纸比埃及的莎草纸优良，比西亚的泥板轻便，比欧洲的羊皮纸廉价，因而这项发明注定引起人类书写材料的一场革命，成为推动人类文明进步的巨大动力。

宣纸　视觉中国

甘肃临夏黄河、洮河交汇处至刘家峡　视觉中国

洮河、黄河交汇处 视觉中国

河泥与山石造就的黄河砚

中国传统的文房四宝——笔、墨、纸、砚，上至书圣文豪，下到平民百姓，只要会写字，总要置办这"四大件儿"。斗转星移，近现代的科技发展颠覆性地改变了人们的书写习惯。铅笔、钢笔、中性笔的发明不仅代替了毛笔，也使得墨块与砚这对老伙计"光荣下岗"。进入数字时代后，纸笔的生存空间更加岌岌可危，传统的毛笔书写逐渐演化为纯粹的艺术形式，砚，更是进入式微期，许多小朋友甚至都不认识这是何物了。

"砚者，研也。可研墨使和濡也。"曾经，砚被奉为文房四宝之首。古人将颜料制成块状固体方便储存和携带，书写时，注水入砚，研磨墨条，便得到墨汁以供书写。评价一方砚，"下墨"的快慢与"发墨"的粗细是两个至关重要的考量标准，而这与砚的材质及制砚的工艺息息相关。自古人第一次于某块平整的石面上研磨颜料到一方方精美的砚台闻名于世，砚早已不是单纯的文具，而是集绘画与雕刻于一体的艺术品。中国砚至少有两千年的历史，多少砚台名留青史。让我们沿着黄河两岸，寻访那些历史上的名砚。

洮　砚

砚，本质是一种研磨器具，最常见的自然是石砚。中国幅员辽阔，山形水势之间，材质、性能各异的石料不计其数。从古至今，青史留名的砚有数十种，不但材质优良利于发墨，而且雕工精致，构思巧妙，皆为名贵的艺术品。其中洮砚与端砚、歙砚、澄泥砚并尊为"四大名砚"。

因为石料稀少和开采困难，洮砚成为千金难求的绝品。洮砚产于洮州（今甘肃省卓尼县）一带，黄河上游最重要的支流洮河从此经过。制作洮砚的洮石就产自洮河沿岸的甘肃卓尼县、岷县，其石质地坚实缜密，色泽雅丽，石纹清晰，多似水波状花纹，或如卷云连绵，奇幻无穷，成为历代宫廷雅室的珍品。洮州偏远，出上佳洮石的老坑储量稀少，所以一方洮砚的珍贵程度堪比和田美玉。

洮砚的问世年代仍有争议，据说民间曾有一方"晚唐洮砚"现世，但缺乏实证。明确记载与描述均始于宋人的著述与诗文之中，在文化灿烂的天水一朝，洮砚是当之无愧的文房界"顶流"。上至皇室贵胄，下至文人士子无不对洮砚推崇备至，若有幸得到一方均是欣喜若狂。苏东坡为洮砚作铭："洗之砺，发金铁。琢而泓，坚密泽。郡洮岷，至中国。"黄庭坚说："洮州绿石含风漪，能淬笔锋利如锥。"他对洮砚的优良石质与瑰丽纹理做了极为精炼的概括。黄庭坚在得到友人相赠的一方洮砚后兴奋地赋诗："久闻岷石鸭头绿，可磨桂溪龙文刀，莫嫌文吏不知武，要试饱霜秋兔毫。"喜悦之情溢于言表。晁补之在《砚林集》中写道："洮州石贵双赵璧，汉水鸭头如此色。"他竟然把洮河砚与先秦至宝和氏璧相提并论。宋人对洮砚的喜爱可见一斑。

洮石颜色丰富，除了最具代表性的"鸭头绿"，还有紫红、黄、红绿相间等色。蔡襄也

甘肃定西市博物馆所藏洮砚　视觉中国

人们在洮河峡谷挑选石头
问远/视觉中国

曾获赠一方洮砚，在《洮河石研铭》中称赞洮砚"甚可爱，兼能下墨，隔宿洗之亦不留墨痕"，还提到其"色微白，有红丝"，看来蔡襄这方砚台就是夹杂红丝的那种。米芾在《砚史》中还提到洮州附近的通远军出产一种"滴石砚"，称这种制作砚台的石头"其中者甚佳，在洮河绿石上"，认为它是洮石中品质上乘的一种。

洮河绿石产于甘肃省南部洮河中游卓尼县、临潭县、岷县交界的喇嘛崖一带峡谷中，此处三面环水，砚石长年为水汽滋养，因而石质坚润细密，淡绿底色间杂墨绿条纹，有形如流水、云霞、清漪、雾霭的天然纹理。将其制作成砚，湿润的石质竟可以呵气凝成水珠，下墨既快又细，贮墨砚中，经月不涸不腐。宋神宗时期，朝廷通过熙河开边，收复了宕、叠、洮、岷、河、临（熙）六州，使得甘陇地区重归宋朝。洮砚也成为地方特产，进入鼎盛时期。

北宋之后，洮砚被称为稀世珍宝，世人大多只闻其名，难见其形。金朝"一代文宗"元好问曾得到一方洮砚："县官岁费六百万，才得此砚来临洮。"真是下了血本。近现代著名的书法家赵朴初曾得到一方洮砚，题诗"风漪分得洮州绿，坚似青铜润如玉"，亦视若珍宝。如今所知的宋代洮砚分藏于各地博物馆和私人藏家手中，数量稀少，可谓"一砚难求"。我们也只能通过这仅存的数十方洮砚，一瞥宋人的风雅生活。

澄泥砚

"砚"字从石，却未必只能用石来制作。陶砚虽少，但从古至今，一直是砚史上不可或缺的存在。中国是陶器的故乡，制陶史源远流长。先秦时期就有陶砚的实物，汉晋时期的墓葬出土了不少陶砚甚至是青瓷砚，证明当时陶砚的制作工艺早已成熟。不过这些陶砚大多名不见经传。到了唐宋时期，有一种"变废为宝"的陶砚一下子在文人士大夫圈流行开来。当时有人在洛阳、长安、邺城等古都访旧吊古，偶然发现汉魏宫阙遗迹中散落的宫瓦性质优良，十分适合制砚。用铜雀台、未央宫的宫瓦制成的"瓦砚"一下子成为至宝。欧阳修曾为一古瓦砚题诗："金非不为宝，玉岂不为坚？用之以发墨，不及瓦砾顽。"欧公的诗还透露出一个重要的信息：以陶瓦为砚，不仅因为文人情趣，还因为其优异的性能。

或许是受到古瓦砚的启发，一种以河泥为原料烧制的陶砚脱颖而出，声名鹊起，这就是著名的"澄泥砚"。澄泥砚产地主要集中在以绛州为代表的山西与以虢州为代表的河南一带，唐宋时期一直有"绛人善制澄泥""虢州澄泥砚，唐宋皆贡"的说法，《西清砚谱》中列举的澄泥砚大多是"汾水澄泥绛县制"。澄泥砚取黄河、汾河、漳河中千年淘洗的优质泥沙为原料，极尽繁复之工序，最后在大火的煅烧中把泥土的"柔"化作坚硬光滑的"刚"。一经问世，便以优异的发墨性能及巧夺天工的雕工力压众多名砚，与端、歙、洮并称"四大名砚"，是中国历代名砚中唯一的非石质砚。宋代李之彦的《砚谱》中记载："虢州澄泥，唐人品砚以为第一。"澄泥砚历经唐、宋、元、明、清而经久不衰，备受文人骚客的喜爱。

澄泥砚到底有什么魅力，竟能备受帝王将相、文人雅士的青睐推崇？文房物件还得听听专业人士的评价。米芾盛赞澄泥砚"坚实如铁，扣之金声，刀之不入"；元代赵孟𫖯称赞其"质而坚，静而玄"；乾隆皇帝更是着迷，称其"抚如石，呵生津"。也就是说澄泥砚兼具了实用和美观的优点。澄泥砚虽是陶器，却质坚如石铁，耐磨持久，并且泽若美玉，击若钟磬。其发墨性能优异，"性坚而不燥，润笔不损毫"，因其细腻如泥，发墨快且不渗水，所以它具备了成为名砚的性能基础。同时陶坯比石材更易塑形，工匠可以大显身手，圆雕、浮雕、透雕、线刻，各种工艺技术均能尽情施展。因此成品造型生动，雕工讲究。陶泥掺入不同辅料，烧制出的澄泥砚色彩千变万化。古人认为其色泽"鳝鱼黄为上"，然后是朱砂红、

绛州澄泥砚制作师蔺涛在制作澄泥砚　白英/视觉中国

山西运城"中国绛州澄泥砚文化园"珍宝馆展出的绛州澄泥砚　视觉中国

绛州澄泥砚制作师蔺涛在修饰出炉的
鸡年生肖砚　高新生/视觉中国

绛州澄泥砚制作师蔺涛在制作澄泥砚　白英/视觉中国

豆沙绿、玫瑰紫、胭脂红、蟹壳灰、炭黑。澄泥砚有这么丰富的色彩，端、歙、洮等石砚自然难以企及。

澄泥砚的制作工艺看似简单，无非筛泥、塑形、烧制等步骤，与各类砖瓦陶器并无二致，并且以黄河河泥为原料，资源丰富，采集容易。但澄泥砚经历了唐宋的辉煌，却在明清没落，几近失传。究其原因，在于澄泥砚的制作工序较为繁复，采集黄河特有的细泥后，要经过取土制浆、滤泥、澄泥、制坯、晾坯、磨制、雕刻、烧制、蜡煮、抛光等十余道大小工序，每一步都需要精心操作，以确保砚体的品质，历时近一年方可问世。澄泥砚之所以发源于黄河中游一带，除了因为这里的河泥供应充足，更因为这里有着深厚的制陶工艺基础。宋人苏易简的《文房四谱》记载，当年铜雀台的瓦，就是陶匠用布过滤河泥并加入胡桃油作为原料而制成的，和其他的瓦不同。可见澄泥砚的制作离不开这里传统制陶业的传承。为何唐宋时期的古瓦砚如此风靡？因为它与澄泥砚同气连枝。

在澄泥砚家族中，绛州的裴氏砚、泽州的吕砚都是其中具有代表性的品牌。2006年，"绛州澄泥砚"被认定为"中国驰名商标"。如今山西、河南等地依然薪火相传，传承着这门古老的手艺。

贺兰砚

"贺兰西望蠹长空，天界华夷势更雄。"在峥嵘崔嵬的贺兰山下，黄河两岸是被誉为"塞上江南"的宁夏平原。宁夏物产丰饶，枸杞、甘草、贺兰石、滩羊皮、发菜这五种具有代表性的特产被称作"红、黄、蓝、白、黑"五宝，享誉全国。而五宝之首，当数被公认为宁夏最珍贵宝藏的贺兰石。贺兰石属水成岩，质地均匀细密，清雅莹润，绿紫两色天然交错，刚柔相宜，叩之有声。不少石料在紫蓝色的底色上嵌有绿色斑点，观之似云、似月，抑或绿中间紫，如一条锦带，雅趣盎然，不愧为上好的雕刻工艺品原料。

由于宁夏平原离中原较远，贺兰石这一精美的石料被世人熟知相对较晚，直至清代康熙年间才进行大规模的开采。《宁夏府志》记载："笔架山，在贺兰山小滚钟口，三峰矗立，宛如笔架，下出紫石可为砚，俗呼贺兰端。"贺兰石因其独特的纹理和色泽，被广泛应用于工艺美术领域。除制砚外，它还被用来雕刻制作书画章、图章、镇纸、水洗、笔架、笔筒、印泥盒、墨水盒等文房用具，以及鼻烟壶、挂屏、插屏等工艺品。

贺兰砚至今已有两百余年的历史，因贺兰石坚韧细腻的特性，具有发墨迅速、存墨不干不臭、护墨不郁结等优点。带盖的贺兰砚如同密封器一般，素有"存墨过三天"的说法，深受国内外书画爱好者的喜爱。并且优秀的贺兰砚工匠会根据石料"三彩"或"多彩"的层次结构精心构思，施以复杂的雕刻工艺，最终呈现出千姿百态、栩栩如生的艺术佳品，形成独特的贺兰砚风格。贺兰砚虽然在名砚家族中属于后起之秀，但已满载盛誉，民间一直流传着"一端二歙三贺兰"的说法。近代以来，无论是"八大名砚"还是"十大名砚"，贺兰砚都当之无愧在其中占有一席之地。

贺兰石雕艺人匠心传承非遗技艺　白英/视觉中国

雕刻贺兰石需要用到的工具　视觉中国

贺兰砚及其他贺兰石工艺品如今能名扬天下并远销国内外，与传承百年的"闫家砚"的贡献密不可分。自清光绪年间，闫万庆、闫万年兄弟以制作研砚的手艺闯出名气，被银川人称为"闫砚台"后，"闫家砚"就成了贺兰砚的扛鼎者。新中国成立后，陈梅荣的"九龙套砚"、施克俭的"葫芦套砚"、王文华的《牡丹亭》砚在各大工艺美术赛事上屡获奖项，贺兰砚的辉煌达到了顶峰。为庆祝香港回归，宁夏将施克俭雕刻的贺兰石砚《牧归》作为礼品赠送给香港特别行政区，更使贺兰砚名噪一时。"闫家军"传承有序，他们在继承和发扬传统石砚雕刻艺术的基础上，学习和汲取其他雕刻艺术的优点，不断推陈出新，雕刻技艺也日趋精湛，打破了传统单一的石砚制品雕刻模式。由原来的平雕发展成浅浮雕，又至深浮雕、镂空以及立体圆雕，显示了极其高妙的艺术造诣。

　　砚是中国人独有的文房器具，砚与墨的配合使用是独属于中华文明的书写文化。从最初随意选择平整坚韧的石头，到精心遴选石料、陶土并精工细作讲究造型，砚已经超越基本的使用价值，成为寄托文人情趣的文房艺术品。清朝末年，以"一得阁"墨汁为代表的方便快捷的墨汁出现后，哪怕是还在使用毛笔书写的人，也基本放弃使用砚台磨墨。在砚台实际使用价值日益减少，更强调观赏陈设意义的潮流下，面对传统手工艺式微、设计和题材陈旧、技艺退化的现状，如何贯彻"匠人精神"，推陈出新，继承并发展砚文化，是每一位艺术家的难题和困境。

贺兰石　刘兆明/视觉中国

贺兰石雕艺人匠心传承非遗技艺　白英/视觉中国

雕刻完成的贺兰石　视觉中国

秋雪之后，贺兰山迎来晴朗天气，在阳光的照耀下山上的积雪与蓝天融为一体，恍若仙境　七道阳光/视觉中国

第七章

大河之味

黄河，在塑造不同地貌的同时，也影响了当地的饮食结构。悠久的农业文明孕育出中国最早的白酒，也由此衍生出同样声名远播的发酵产物：酱、醋、茶，令一日三餐更加有滋有味。流传于市井中的各色食物，不仅带来了舌尖上的美味，也显示着文化的传承，是文化融合的重要桥梁。大快朵颐的背后，是根深蒂固、绵延千载的故园之恋。

美味拉面　视觉中国

两岸烟火，长河飘香

黄河，中国人心目中豪情万丈的母亲河，从青藏高原，到黄土高坡；从肥沃的三角洲，到开阔的入海口，这条百转千回的大河，一路奔腾，既孕育了绚烂的文明，更洋溢着无尽的舌尖风情。黄河流域一直是中华大地上最为繁荣的饮食文化区域，各省区都有品种繁多的美食，上至宴席，下到小吃，流派纷纭，技法精湛。千百年袅绕的人间烟火，蕴含着此地人们对于面食和牛羊肉的执着热爱。

舍不下黄河岸边一碗面

黄河沿岸各省区4.5亿人民几乎一生都离不开面食。从青海的拉面、四川的担担面、陕西的泡馍，到河南的烩面、山东的大馒头，这里的人们都保持着相近的饮食习惯。

一碗面的源头是小麦。黄河流域是极适宜种植小麦的区域，也是我国农耕文明兴起后，碳水美食的滥觞和宝地。

甘肃兰州位于黄河上游，河水穿城而过，这里日照充足，降雨量少，小麦颗粒饱满，蛋白质含量高，能够揉出更有韧性的面团，于是面食有了更多可能：搓鱼面、炮仗面、浆水面……但兰州人的心中却没有著名的"兰州拉面"，他们认可的地道兰州味道只有一个：牛肉面。牛肉面的清香终年萦绕在城市的大街小巷，那一碗汤色清透的面条，是无数兰州人雷打不动的早餐标配。他们每

兰州牛肉面　视觉中国

天能吃掉超过200万碗牛肉面，消耗400吨面粉。加了蓬灰水和出的面入口筋道，用牦牛肉、牛脊髓、棒子骨和土鸡等食材煨煮一夜的汤底又香又浓，再淋上几勺油泼辣子，搭配上萝卜、蒜苗，"一清二白三红四绿五黄"，极有视觉冲击力。牛肉汤清，萝卜片雪白，辣椒油红亮，香菜、蒜叶翠绿，面条微黄，这便是兰州牛肉面的美味密码，是兰州人用上百年的手艺造就的家乡味道。

对面食同样疯狂热爱的，还有山西人。对山西人来说，面食的地位早已超越主食，成为餐桌上绝对的"王者"。一捧面粉在山西人的手中可以幻化成百余种形态：拉面、削面、手擀面、"剔尖"、揪面……即使天天吃也绝不重样。山西拉面暗藏着"拉拉扯扯"的情意，适合亲朋好友聚会时来一碗。有一手绝活的厨师拉抻的龙须面细如发丝，甚至能穿过针眼，遇火可燃，遇水则化。又细又富有韧性的拉面配上各种浇头或卤汁，风味十足。但最能代表山西的一种面食，当数刀削面。

刀削面之妙，妙在刀功。人们说："吃刀削面是饱口福，看刀削面是饱眼福。"只见师傅左手托一块巨大面团，右手持一把特制的弧形小刀，手腕轻抖，欻欻欻……面片以令人眼花缭乱的速度纷纷落入汤锅，随沸水起伏旋转，如成群小鱼游荡。高明的厨师，每分钟能削二百刀左右，每个面片的长度恰好都是六寸，中厚边薄，入口外滑内筋，越嚼越香。如果说面是灵魂，那么浇头就是精髓。山西人管浇头叫"调和"，浇头品类繁多，有西红柿鸡蛋卤、肉炸酱、肉丝什锦卤汤、羊肉汤、茄子肉丁卤、金针木耳鸡蛋卤等，再配上黄瓜丝、韭菜

刀削面　视觉中国　　　　　　　　　　　　　　　"猫耳朵"　视觉中国

花、绿豆芽、青蒜末等应时鲜菜，撒一撮辣椒面，滴上几滴山西老陈醋，味道鲜美，不愧为"中国十大面条"之一。

"抿尖"和"猫耳朵"也是山西人钟爱的面食制品。

抿尖是一种传统面食，"抿"是指它的制作手法，"尖"则是指它细细尖尖的形状。制作抿尖需要用到一种特制的工具——"抿尖床"，一个木制长方形框上面钉着一个向下凸的弧形黄铜片或铁片底子，上面密密麻麻排列着细小的孔眼。锅开后，架上抿尖床，将和好的面糊置于孔眼之上，然后用抿尖挫或手掌用力推压面，使面从孔眼中穿过，这样筛出的豆面小而可爱，形如蝌蚪。将面捞出后浇以素汤，汤内有豆腐丁、土豆丁、豆角丁等，并佐以韭黄、芝麻、香菜等，味道清淡可口。"猫耳朵"则是纯手工制作。先把面和得软软的，搓成大拇指长的条子，再压成蚕豆大的小块，然后用拇指食指捏着一转，卷成猫耳朵模样，煮熟后配以各种打卤、浇头，面窝窝里吸满汤汁，又香又软。

如果说山西人的一天是从一碗面开始的，那么许多陕西人的一天大概是从一个馍开始的。

"肉夹馍"是陕西传统小吃的代表，被誉为"中国人的汉堡"，虽说只是肉和馍的简单组合——两片白吉馍夹上满满的腊汁肉，却大有讲究。陕西的"腊汁"是指炖肉的老汤或卤水，这可是很多西安老店里的"魂"，几十年不断火的老卤，熬出直冲脑门的浓香；汤中带骨的肋条肉，既有精肉和脂肪的层叠，又有小排浓郁的骨香，与十几味香料慢慢炖煮，直到酥烂入味，肉香四溢。传统而正宗的肉夹馍用的大多是白吉馍，这是一种用半发酵面制成的馍，

肉夹馍制作现场　张颖博/视觉中国　　　　　　　　　肉夹馍　视觉中国

外表要有"铁圈虎背菊花心"的完美烙印，皮薄而酥脆，内里绵软又不乏韧性，出炉后，用刀轻轻一劈，就立刻分成两片，俗称"两张皮"，夹入放凉的腊汁肉，用热乎乎的馍烘托出肉的温润香浓。

腊汁肉的制作技艺，已有两千多年历史，它的演进过程，见证、承载着陕西饮食文化乃至中国饮食文化的历史发展过程。

无肉不欢，肉食者的福地

当茹毛饮血还是世界主流时，黄河流域的先民已经开始进行最初的饮食探索。本土的粟以及后来传入中国的小麦，为人们提供了优质的碳水食物；溯河而上，水草丰美的游牧地区将肉视为宝贵的热量来源。随着汉族和西北少数民族的不断融合，畜牧业迅猛发展，猪、牛、羊的饲养成为常态，而以"鲜"见长的羊肉更成为黄河沿岸食谱中最受欢迎的"硬菜"。

阿拉善烤全羊是内蒙古阿拉善地区特有的美味佳肴，早在三百多年前就已成为阿拉善王府宴席上的珍品。它采用当地肉质细嫩而无膻味的土种绵羯羊，烤制时须用特制的烤炉。先将各种调味品放入预先切好的切口和腹腔内，然后在表皮上涂一层食用油，以火力旺盛的梭梭柴为燃料，烘烤三个多小时后，一只外皮油光红亮、酥香味美的烤全羊便成为全场焦点。自古以来，内蒙古烤全羊就是一种颇具仪式感和社交意义的菜品，它不仅是对草原游牧生活

烤全羊　黄金国/视觉中国

宁夏手抓羊肉　视觉中国

方式的一种复刻与怀念，也象征着人们之间守望相助的情意。

　　"天下黄河富宁夏"，生活在宁夏盐池的滩羊也自古过着富足的生活，从小到大吃的是野生草药，喝的是富含无机盐的沟泉水，肉质细嫩且自带清香。宁夏手抓羊肉制作技艺十分讲究，烹饪方式要质朴粗放，羊肉肉质要鲜嫩欲滴，这"一粗一细"成就了手抓羊肉。羊的年龄不能太大、不能太小，一般在1至2岁，重量也要控制在15千克左右；切羊要用祖传的刀功，用斩刀将羊斩成条状；煮羊的火候也有要求。制作手抓羊肉用到的原材料是羊肋排，基本是四分瘦六分肥，口感顺滑细嫩，肉汁饱满。手抓羊肉吃不出调料的味道，有的只是羊肉本身的鲜香。

　　甘肃、宁夏爱吃羊，山西人则偏爱牛肉，居住在这片黄土高原上的人们向来都迷恋那用"一把盐，一锅汤"卤煮而成的平遥牛肉。

　　平遥位于黄河中游地区，这里四季分明，气候温和，适宜农业发展。早在西汉时期，平遥地区的农业就比较发达，田地多用牛耕。发达的农业以及快速发展的养牛业，促成了平遥地区牛肉加工业的兴盛。清代时，平遥牛肉已誉满山西。清嘉庆年间，雷金宁及其子孙三代在城内文庙街经营的"兴盛雷牛肉店"享誉百余年，他们的牛肉更随着平遥票号的商队走遍了大江南北。

　　如今，平遥牛肉集团生产的牛肉成为平遥牛肉的代表。它沿袭老字号的传统制作工艺，严谨、精深、独特，可概括为相、屠、腌、卤、修五大工艺流程，用料讲究"五个一"，即"一块肉、一把刀、一撮盐、一只缸、一口锅"，不加色素，其色红润；不用佐料，其肉绵香可口。其中"煮肉"工艺尤为缜密，有"老汤煮肉"之秘。先把大煮锅里的水烧沸，煮水须在原存老汤里添加，不加锅盖，好让异味和水分蒸发出去。然后将腌期已满的肉块从冷窖中取出，依大小、厚薄、耐熟程度分层依次入锅，牛油盖顶。用急火沸煮2小时，慢火炖煮8小时，最后灭火焖2小时，使肉慢慢熟化。冷却后的牛肉块纹理分明，一条条半透明的肉筋镶嵌其中，无论切得多薄，软糯的牛肉也不会松散，只如一张揉皱的纸。

　　山西省和山东省还有一种兴起于清代的美味肉食——酱肉。享誉至今的太原六味斋和莱

平遥牛肉　视觉中国

芫亓氏酱香源这两家传统老字号都以制作各种酱肉见长，从开宗立派以来，一直保持着独有的手工技艺。

六味斋酱肉素以"肥而不腻，瘦而不柴"著称，过去民间就有"不吃六味斋，不算到太原"之说。煮制时，要"一摸、二看、三听、四闻"，即用手摸来判断煮制质量，看火、看肉、看汤，听汤的沸腾声音判断浓度，闻肉的气味判断熟化的程度。六味斋酱肉十分讲究"中和"，熟而不烂、甘而不浓、咸而不涩、辛而不烈、淡而不薄、香而不厌，处处都体现着一种以精湛技艺造就的恰到好处。

亓氏酱香源酱肉制作技艺采用家族式传承，创始人亓宗尼自清道光二十四年（1844年）经营亓家菜馆，至今已历经七代。其技艺特色在于"固汤""安食"。选用新鲜猪骨、鸡、鸭，炖至一定火候再加入各种佐料，去骨、去渣、提汤，此所谓"大汤"，大汤再加入老汤，文火煮汁成"上汤"，冷却后封坛，即成陈年老汤，此过程便是"固汤"。"安食"则指他们秉承着"食安天下和"的经营理念，这也是亓氏酱香源传统制作技艺的深刻内涵。

风情万种的小吃

小吃，一个简单的词，却包含着丰富的历史。黄河沿岸繁华的各城各村几乎都拥有传承多年让人世代难忘的小吃。它们是记忆，是乡愁，见证了时间的流转和社会的变迁。小吃的源头可以追溯到古代的市集，早期的形态主打方便快捷，满足忙碌民众的需求。随着时间的推移，小吃已不再只是为了充饥而存在，而是以味道映射出当地千姿百态的风土人情。每道特色小吃的背后，都承载着当地农、林、牧、渔等活动，以及人们对于特殊风味的执着偏好。

黄河上游的内蒙古，草原辽阔，牛羊肥美，人们的日常饮食离不开最重要的两种食物——红食和白食，即肉制品和奶制品。红与白构成了蒙古族饮食的基调，也就是"以肉为食兮酪为浆"。环境和生活方式决定了蒙古族人的饮食结构和习惯。白色在蒙古族文化中有着近乎神圣的地位，是贞洁和忠厚的象征。而蒙古族牧民生活中常见的奶制品也是白色，两者相结合，便构成了特有的白食文化。内蒙古正蓝旗的奶制品广为人知，早在元、清时期这里就是皇家御用的奶制品供应基地，被誉为"中国'察干伊德'（白色食物）文化

蒙古族奶食早餐　林格 / 视觉中国　　　　　　　　　　奶茶　张玮 / 中新社 – 视觉中国

之乡"。奶豆腐、奶酪、奶皮子、奶油、奶茶、奶子酒、酸奶……这些与奶相关的食物都是草原人民的心头好。每逢过年、过寿、喜庆宴会、祈福时，蒙古族人民都会摆上种类繁多的白食，这是一种传统礼节。而在这些仪式中，"胡乳达"（奶豆腐）是最为重要的角色，也是众多奶制品中最上乘的一种。现做的奶豆腐入口软糯，舌尖滑过可以感受到奶豆腐每一次揉搓后的纹理。

　　蒙古族人的早餐离不开一碗香浓奶茶，河南人的早餐同样离不开一碗热辣的胡辣汤。对于大多数河南人而言，三天不喝胡辣汤便浑身难受。可见，"容易上瘾"是胡辣汤的一枚重要标签。河南各地都有风味各异的胡辣汤，其中要数产自西华县逍遥镇的胡辣汤名气较大。这款汤羹诞生于北宋年间，可想而知其中的"辣"并非来自辣椒，而是胡椒。此地的胡辣汤以小麦精粉和熟牛羊肉为主要原料，佐以砂仁、八角、胡椒、花椒、桂皮等近30种植物香料，根据不同的配比综合熬制而成，再加入适量的香油、陈醋，不仅香辣扑鼻，还具有健脾开胃、祛风驱寒等功效。一碗喝下，既能拥有满满的饱腹感，也能感受到中原人自古以来的纯

胡辣汤　马健/视觉中国

德州扒鸡　周建新/视觉中国

厚和实在。

在中国人的饮食序列中，鸡的地位毋庸置疑，很多地方甚至有"无鸡不成宴"的说法。但山东德州的扒鸡，却在小吃堆里闯出了一片天地。

德州，位于京杭大运河沿岸，明清时便是商贾往来之地。据记载，明末清初，德州城内及码头上就有提着篮子卖烧鸡的人。后来，码头烧鸡经过多年的发展，渐渐变成了人们熟知的"脱骨扒鸡"。

德州扒鸡与人们日常所见的烧鸡、烤鸡最大的不同，便在这个"扒"字上。先要大火煮，然后小火焖，雏鸡要焖6—8小时，而老鸡要焖8—10小时。经过长时间焖煮的扒鸡，轻轻一抖，即可骨肉分离。而德州扒鸡能够走出德州，全国闻名，也离不开火车的"帮助"。20世纪初，德州成为当时华北地区一个非常重要的铁路枢纽，直至今天，其地位也没有下降。铁路枢纽带来了大量的客流，这样就给了扒鸡崛起的机会。当年，几乎没有比扒鸡更美味、更适合带上火车的食物了。它讲究的是整鸡脱骨，并且连骨头都是酥的，无需用力拆分，甚至不需要餐具，就能美美吃上一顿。不知道有多少扒鸡顺着铁道北上南下，这样的情景一直延续到绿皮火车存在的年代。最终，德州扒鸡成为享誉全国的名吃。

除了德州扒鸡，山东淄博的周村烧饼也跟着火车火遍大江南北。这张小小的烧饼源于两千多年前的汉代胡饼，那是一种覆以芝麻的面饼，与如今的吊炉烧饼别无二致。经过历朝历代的改进创新，如今的周村烧饼，外形如金黄的满月，正面贴满芝麻，背面酥孔罗列，薄

内蒙古锡林郭勒当地美食　视觉中国

周村烧饼　视觉中国

似树叶，一叠轻抖，有唰唰之声，入口即碎，酥脆异常。胶济铁路通车后，旅客在周村站争相下车购买烧饼。一时间，周村烧饼成为时尚馈赠礼品和过往商旅的果腹点心。

集大成者的飨宴

每一道菜肴、每一场筵席都是有生命力的。森林、湖泊、牧场和田野以另一种形态，凝缩于千百种滋味里，地域的气候、经济和历史等因素会影响当地人民的烹饪方式，餐桌礼仪和习俗则映射出当地人们对待饮食的态度。

山东地处黄河下游，濒临海洋，物产丰富，而且是中华民族灿烂文化的发祥地之一，饮食文化和烹饪技艺源远流长。鲁菜在相对"封闭"的环境中形成了"土生土长"的浓厚地方色彩，饮食文化深受儒家饮食观念的影响，逐渐形成以"孔府菜"为代表的官府菜的饮馔美学风格。

山东孔府菜　视觉中国

　　山东曲阜城内的孔府，是孔子后裔所建立的府第，号称"天下第一家"。这个有着两千多年历史，前后共80代的家族，在生活的各个方面都积累了丰富的经验。他的后人谨遵"食不厌精，脍不厌细"的祖训，对于饮食肴馔精益求精，自成一格。孔府菜历时数千年，纵横南北、兼收并蓄，融宫廷贵族饮食、地方饮食、家庭饮食于一体，以孔子大美饮宴哲理为依托，成为我国延续时间最长的典型官府菜。孔府菜的风味特色是清淡鲜嫩、软烂香醇、原汁原味，烹饪技法繁多且程序复杂。筵席的礼制同样烦琐，且将筵席分为多种规格，不同的规格对应不同的菜式。许多菜品与孔家历史及其独特的地位密切相关，名字雅，有掌故。比如，清朝的孔子后裔被封为当朝一品官，号称文臣之首，因此孔府肴馔中有不少主菜就以"一品"命名，如"孔府一品锅""燕菜一品锅"等。孔府的家常菜大都是在民间小吃的基础上精巧制作的，其原则是"粗菜细做，细菜精炒"。所以，它虽然用料平常，但工艺却很讲究，充分体现了孔子"精"与"细"的美食原则。

　　如果去河南洛阳旅行，在赏玩牡丹之余，一定要去尝尝一道宴席——真不同洛阳水席。之所以称之为水席，一是因为它的每道菜都离不开汤汤水水；二是因为菜品一道道地上，吃一道换一道，仿佛流水一般。历史上，洛阳水席来自民间。据说，唐代武则天时期，洛阳水席传进皇宫，加入山珍海味，制成宫廷宴席之后，又从宫廷传回民间。洛阳水席分为前八品、四镇桌、八中件、四扫尾，共二十四道菜。整道宴席连菜带汤，章法有序，毫不紊乱。

洛阳水席　沙浪　孙继虎/视觉中国

所有菜品并不追求珍稀怪异，用的都是洛阳当地特产，好处是可繁可简、可丰可俭。根据设席者的经济状况，山珍海味也可，清蔬小菜也可。人们也可以根据自己的习惯，用萝卜、山药、红薯等土特产制作出经济实惠的宴席菜品。洛阳四面环山，地处盆地，洛河、伊河等河流交织其间，黄河穿流而过，盛产鱼、虾、蟹、蚌、山鸡、野兔、猴头菇、木耳、银耳、鹿茸、山楂等，这些丰富的烹饪原料，为水席的形成和发展提供了得天独厚的自然条件。

　　纵观现今的美食江湖，以麻辣著称的川菜似乎成了新领袖。川菜馆在全国遍地开花，越来越多的人爱上了鸳鸯火锅、麻婆豆腐、水煮肉片等许多经典川菜。

　　川菜因起源于物阜民丰的"天府之国"，食材多样，山珍、峡谷河鲜、野菜果蔬和家畜家禽均是其选用的菜品原料。古代的巴国和蜀国已有卤水、岩盐、川椒、"阳朴之姜"等调味品。在长时间的发展过程中，川菜吸收了各个朝代的烹饪技艺和食材搭配方法，形成了独特的饮食文化。它善于利用辣椒和花椒来调味，霸道的口感让人欲罢不能，这种调味方式并非想简单地刺激味蕾，而是想将食材的鲜美发挥到极致，激发出更多的风味。但川菜并非一味地追求麻与辣，其完整的定义是"清鲜为底，麻辣见长，味在多变"，真正的灵魂体现在

川菜　视觉中国

花椒、郫县豆瓣酱和独特的姜蒜用法上。在川菜的40多种烹饪手法中，小煎、小炒、干烧、干煸为川菜所独有。口感上，川菜追求"一菜一格，百菜百味"，即便是最平常的菜品，也都体现出精致的调味和复杂的技法。比如，川菜中非常有名的家常菜"麻婆豆腐"，就是以豆腐和肉末为主要原料再加上豆瓣、辣椒面、酱油等调料制作而成，讲究麻、辣、烫、香、酥、嫩、鲜、活，花椒要麻得纯正，煸炒的肉末要口感酥，成菜要鲜活。据说，高明的川菜师傅做完这道菜，将其摆上桌后，寸把长的蒜苗在碗内根根直立，翠绿润泽，仿佛是刚从菜畦里采摘回来的，但夹之入口已然熟透，毫无生涩之味。

不管是小吃还是盛宴，不论是地方菜还是民族菜，它们所传递出来的，是生活在这条大河之畔的人们所形成的世界观、价值观。在历史上，以长安为中心城市的黄河流域创造了灿烂的饮食文化和一整套饮食制度，"和、礼、雅"便是其核心。时代更迭，世事几易，餐桌上的菜肴变了又变，大河之味始终"食出有门"。

黄河流域**国家级非遗美食**分布图

宁夏回族自治区
中宁蒿子面
手抓羊肉

甘肃省
兰州牛肉面

青海省

四川省
川菜烹饪技艺

几千年前，生活在黄河流域的先民们依靠一条滔滔大河，开始了最初的饮食探索。此后，外来的小麦成为黄河流域的本命食物。于是，五花八门的面食为沿岸人们带来了饱腹的欢愉，从此天涯海角，难舍家乡一碗面。

这里也是肉食爱好者的天堂。作为北方游牧民族与中原农耕民族融合的前沿地带，黄河沿岸的人们自古便有食牛羊肉的习惯，富含蛋白质的牛羊肉为逐水草而居的牧民提供了充足的热量，至简的烹煮就能够创造出鲜美之味。

绘制：林凤

大碗面，大块肉，黄河沿线的美食有多豪迈？

烤全羊

内蒙古自治区

山西省

龙须拉面和刀削面
抿尖和猫耳朵
稷山传统面点
太谷饼
郭杜林晋式月饼
冠云平遥牛肉
六味斋酱肉

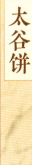

山东省

周村烧饼
亓氏酱香源酱肉
德州扒鸡

陕西省

老孙家羊肉泡馍
西安贾三灌汤包子
同盛祥牛羊肉泡馍

河南省

真不同洛阳水席

一酿百味生

远古时期的黄河，尚未形成如今的万里巨川，两岸也不见纵横的沟壑。彼时四季分明，雨量丰沛，古藤缠满翁郁的大树，在一望无际的荒草中，野麦黍恣意生长。厚厚的土壤与湿润的空气，组成了不知名昆虫和微生物的乐园。熟透掉落的野果堆积如小山，散发出迷人的香气，野猴群贪婪啃食，吃着吃着便沉沉睡去，接连数天都长醉不醒。先民们则忙着将收获的稻米、水果、蜂蜜装入陶罐，放置在阴凉的树洞里。

九千年后，一只陶罐在河南省舞阳县一个叫贾湖村的地方被挖掘出来，重见天日。考古学家从它的内壁沉积物中发现了酒石酸，分析结果显示，九千年前，那里的人就已经会用山楂、大米、蜂蜜来酿造这种令人兴奋的饮料了，这只陶罐里装着的，正是人类历史上最古老的酒。也就是从这一抹远古的微醺开始，人们在"发酵"的路上不断精进，并将"酱"与"醋"归为日常生活的必备之物。

黄河上的"酒带"

河流让人类与自然拥有了交互的能力。尤其是如此一条蜿蜒五千多千米，穿越黄土高原、黄淮海平原，直至渤海的滔滔大河，其整个流域繁衍出五千年璀璨的农耕文明，总使人惊叹与感慨：其源头究竟在哪里？研究历史与地理的学者有各自的观点。但，也许只有生活在黄河岸边的那些豪迈洒脱的人们，才会用歌谣唱出一个简单质朴的答案："黄河的源头在哪里？在牧马汉子的酒壶里。""酒酣胸胆尚开张"，当一壶烈酒落入咽喉，如黄河般的澎湃气势定会油然而生。

从商周时期开始，酿酒，作为人类社会最古老的行业，便在黄河流域兴盛。复式发酵法的出现是酿酒业的第一个飞跃。简单地说，含糖的果实、蜂蜜、牛奶都可成为天然酵母，从而使原料中的糖发酵为酒，这是单式发酵；复式发酵则是以谷物为原料，首先要水解为糖，然后才能发酵为酒，所以必须用到酒母，也就是酒曲。复式发酵用酒曲酿酒，利用霉菌和酵母使酒的糖化和发酵这两个重要过程持续而交叉地进行。尽管此时酿出的是淡薄的黄酒，但也足以令酒徒们欣悦。正因为酿酒不易，而酒又容易使人放诞，因而夏、商、周时期奉行严格的饮酒礼仪，尊卑长幼的伦常礼教制度也贯彻在饮酒行为上。三朝之后，饮酒乐事才渐渐从庙堂延伸至寻常百姓家。

水是酒的生命起源，黄河一路磅礴而下，在其上、中、下游催生出不同的水质、风土、气候、作物。无数制酒人将酿造技术与自然地理结合，最终酿出风味各异的美酒，连缀成一条闪耀的"酒带"。

这条酒带的中游可谓好酒聚集地，其杰出代表就是西凤酒。

西凤酒的原产地陕西省宝鸡市凤翔区古称雍州，正是历史上著名的酒乡，其酿酒业始于殷商，盛于唐宋。历经周朝"秦酓"、汉朝"秦州春酒"、唐朝"柳林酒"、宋元"橐泉酒"到明清"凤翔烧酒"的演变，西凤酒的酿制工艺以及配方原料不断创新，终于集西北酒业之大成，成为凤香型白酒的典范。

黄河流域的地下水穿越凤翔亿万年堆积的厚厚黄土，从柳林井中被汲取，水质变得清澈甘甜，正宜酿酒。而当地所用的窖池，也是用柳林镇特有的黄姜土夯筑。在红砖砌成、凹凸参差成槽状的窖壁内层敷上黄泥，这种独特结构被当地人形象地称为"马牙茬"。"马牙茬"结构能锁住一部分老窖泥，聚集丰富的微生物群，但也需要每年铲除更换一部分老窖泥，控制微生物群的过度壮大，这种微妙的平衡把握，造就了西凤酒"浓不露头"的风格品味。西凤酒以大麦、豌豆为原料制曲，采用连续发酵的老五甑工艺，历经立窖、破窖、顶窖、圆窖、插窖和挑窖的工序，最后在古老的窖池中酝酿出典雅的"凤香"。

白酒界常说："三分酿，七分藏。"在美酒的修炼之路上，储藏条件格外重要。而西凤酒

西凤酒　赵民强/IC photo

的储藏之道在于利用神奇的储酒容器"酒海"。将秦岭深处生长的野生荆条晾至半干，编成高约3米、直径约2.5米的圆柱状外框，用豆腐填充间隙，再以血料、蛋清等作为黏合剂，用麻苟纸裱糊内壁，最后涂上蜂蜡、熟菜籽油，一个酒海就做好了。它的神奇之处在于，原浆酒和酒海内的天然物质相互作用，会在酒海内壁形成一层生物凝胶膜，储酒不漏，越储越香，而储水则漏。制作一个容量5吨的酒海，大约需要300千克荆条、3万多张麻苟纸、400多千克黏合剂，花费至少一年的时间，但它却能实现美酒与大自然的深度"对话"，让酒的品质再次跃升。

据史料记载："仪狄始作酒醪，变五味，于汝海之南，应邑之野。"据考证，"汝海之南，应邑之野"正是现在的河南省宝丰县。伏牛山孕育的百眼天然清泉，加上四千余年从未间断的酿酒历史，赋予了宝丰一带酿造清香型白酒的独特气质，也使宝丰成为我国清香型白酒的优质产区。作为中国清香型大曲酒的典范，宝丰酒秉承"至清至净"的原则。它采用传统的"清蒸二次清"工艺，即清蒸原料、清蒸辅料，然后两次发酵、两次蒸馏，如此排除原料中的杂质。整个过程始终突出"清"字，一清到底。历经二次清蒸后，酒体实现了由清至净的转变，更加绵柔、清爽、雅净、细腻，这种工艺被称为"蒸酒留净"。"清"之口感，"净"之工艺，使宝丰酒最终达到了风味与品质的完美平衡。

黄河干流呈"几"字形东流，拐了一个大弯，流经吕梁山、太行山之南，又产出一味好

山西汾阳市酒厂内，工人正在查看酒缸上的信息　胡远嘉/视觉中国

酒，这便是山西省汾阳市杏花村的汾酒。因出自杏花村，故又被称为杏花村汾酒。其名虽普通，但身世却殊为不凡。一只出土于仰韶文化时期的小口尖底瓮，证明了杏花村的先民很早就掌握了谷物酿酒技能，杏花村毫无疑问是我国谷物酿酒的发源地，因而汾酒堪称中国白酒的始祖。纵观当今的中国白酒格局不难发现：汾酒入陕，催生"凤"酒；史料明确记载茅台酒是"清朝山西人经商于茅台镇，依汾酒制法而兴"；"边陲立足，泽被西北"，甘肃的历史上亦有"至通行市卖之酒，俱来自山西，名曰汾酒"的说法。

汾酒同样采用了"清蒸二次清"的传统技艺，一清到底。更为独特的是其采用地缸发酵法，缸内发酵，不接触泥土，能够保持酒味醇正。同时，汾酒的发酵期长达40天，这使得酒体更加醇厚，口感更加柔和。1933年，全国著名的微生物学专家方心芳先生把汾酒酿造的工艺归结为"七大秘诀"，即"人必得其精，曲必得其时，器必得其洁，火必得其缓，水必得其甘，高粱必得其实，缸必得其湿"。

如今，汾酒早已深入人心，而它的根系，深植于几千年前的那只小口尖底瓮，随光阴流转，越发苗壮。

醋酒本同源

人们常说，开门七件事，柴米油盐酱醋茶。醋作为调味品，在百姓生活中的地位不低。

它虽然在中国烹饪史上诞生得晚一些，但"酸"味儿很早就是五味之一了，只不过彼时人们尚用青梅来制酸。《尚书》中说："若作和羹，尔惟盐梅。"后人注曰："盐咸梅醋，羹须咸醋以和之。"这也说明，在当时做羹一定不能缺少盐和梅。而醋的问世，与酒密切相关。换言之，醋，就是酿坏的酒，古人称之为"苦酒"，这偶然的无心过失，却让平淡的菜肴获得了绝佳的风味。

从周朝到唐朝，陕西、山西一带一直是中国的政治、经济、文化中心，也是酿醋业的中心。直到今天，山西人仍然以酷爱吃醋、善于酿醋闻名天下。说起醋，山西人最有发言权，他们的饭桌上可以没有辣椒，可以没有酱油，但绝对不能没有醋。位于太原最南端的清徐县，是山西老陈醋的正统发祥地，酿醋史可追溯至两千五百年前。早在春秋战国时期，清徐人就开始以液态发酵的方式用缸、瓮等容器酿醋，而这种传统酿醋技艺也一直流传至今。拧开清徐老陈醋的瓶盖，那香酸浓郁的气息便扑鼻飘来，滴入碗里轻盈地打一个圈，陈醋便均匀地粘在碗边。醋熘白菜、醋熘土豆丝、糖醋鲤鱼、糖醋小排、糖醋里脊、老醋花生米……山西人一天的早中晚餐都离不开醋。不过，不是所有的山西醋都能叫"老陈醋"，只有产自太原盆地内以清徐为首的十个区县制作的符合相关标准的老陈醋，才有权署上"山西老陈醋"这个品名。

清徐老陈醋以高粱为主原料，以各类杂粮为辅料。历经"夏日晒，冬捞冰"的浓缩过程，再存放一年，除去一半以上的水分后，方能得到颜色黑紫、过夏不霉、过冬不冻、气味甘甜异酸的醇香老陈醋。黑紫色是清徐老陈醋的一个鲜明标识，由"熏醅"工艺得来。每100斤

山西太原清徐县宝源老醋坊，工人正在进行原料发酵翻缸
李兆民/视觉中国

山西太原清徐县宝源老醋坊，工人正在进行发酵搅拌
李兆民/视觉中国

四川阆中的保宁醋　孙继虎/视觉中国　　　　　　　　　　　四川南充阆中古城中的保宁醋直营店　何东平/视觉中国

醋醅加7斤盐，再将已经醋化好的醋醅倒入熏缸后文火熏烤，经过数次倒缸，5天后醋醅会熏成紫黑色的"黑醅"。正是这道工序赋予了老陈醋特殊的熏香风味和勾起食欲的色泽。

明清时期是中国食醋酿造史上的鼎盛时期，诞生了一大批名醋，工艺精湛，品种繁多，超过了历史上其他时期。其中四川阆中所产保宁醋与山西老陈醋、江苏镇江香醋、福建永春老醋被称为"四大名醋"。

阆中，古称保宁府，是一座浸染在醋香中的千年古城。醋以城为名，以麸皮为主要原料，以多种名贵中药为曲，取当地观音寺莹洁甘洌的唐代古井水精酿而成。造醋的水以冬季之水为最佳，用沙缸过滤后酿成的醋酸而微甜，入口生津，久存不腐。阆中当地的麦麸品质极佳，《阆中县志》记载："川中之麦皆花于夜，邑中之麦有独花于午者，故其面特佳。"用麦麸进行生料酿制，口感更加甜绵悠长。保宁醋传统酿造有42道严苛工序，其中最关键的环节是熬醋。传统的熬醋工序必须使用明火，火候和时间的长短直接关系到醋的味道和颜色，熬制好的食醋过滤后放入大缸中晾凉，再装入盛醋缸密封陈酿。陈酿的时间最长可达30年。

明清时期，保宁醋就被誉为"川菜精灵"，甚至有"离开保宁醋，川菜无人顾"的说法。蘸饺子解腻，入米粉增香，拌凉菜开胃，遇辛辣爽利下饭，餐桌上的这几滴醋可谓锦上添花。而保宁醋与众不同之处在于，它是"四大名醋"中唯一的药醋，因曲中加入了葛根、白芷、麦芽、砂仁、栀子、茯苓等数十味中药，营养丰富，常饮可开胃健脾，增进食欲。

不是醇酒，胜似醇酒。从一颗谷到一滴醋，市井烟火中，人们的生活终究离不开酿造了千年的"醋坛子"。

古法酱油：时间的礼物

没有人会否认酱油之于中国食物的意义。它犹如魔法一般，让南北西东的中华百食百味顿生光彩，变幻出层次丰富的滋味。

酱油最早诞生于皇室，以肉为酱，类似于现在鱼露的制法，后来人们发现用黄豆代替肉类也能产生同样的风味。东汉典籍《论衡》中提到过"豆酱"一词；北魏的《齐民要术》详细记载了豆酱的制作过程；直到宋朝，随着酿造工艺的改进，由黄豆制成的酱油诞生，这种美好的调味品才逐渐走进寻常百姓家。一方水土产一方风物。虽然现在工业化的生产让酱油随处可见，但唯有在特定地域用特殊手艺酿造的酱油，才算能俘获人心的酱油。

以酿制技艺和风味特点而论，四川省合江县的特产先市酱油，在中国酱油版图上可谓独领风骚。

合江属亚热带季风性湿润气候，日照充足，雨量充沛，四季分明，无霜期357天，适宜多种农作物的生长。这里生产酱油的原料充足，也有理想的酿造环境。酿造先市酱油只需四种原材料：盐、小麦、黄豆、水。生长于赤水河岸的黄豆颗粒饱满，蛋白质含量比普通豆子

四川泸州合江县先市镇酱园　靖艾屏/视觉中国

四川泸州合江县先市酱油酿造作坊　视觉中国

高出许多，浸泡3—5小时后焖在木甑中大火蒸煮12小时，熄火之后再焖12小时，直至豆皮剥落，豆瓣分离。再将豆子倒在竹筛上摊开，冷却到35摄氏度后加入面粉拌匀，用来激发豆子里的微生物。拌好面粉的大豆放入制曲室，利用空气中自然菌种接种制曲。3—4天后豆子就会长出白色的绒毛。接着将黄豆倒入酱缸，加入四川的井盐、适量赤水河水，搅拌均匀后，放在室外的斜坡上，开始长达几年的发酵晒露，汲取来自自然的养分。白天无雨时便揭开缸帽让阳光洒下来，将酱晾晒浓缩；晚上则让酱坯吸收夜间的露水。适宜的温度和充足的日照，为晒露缸里的酱坯提供了活跃的天然菌种。一段时间后，工人们再把用竹子编织的工具插进酱缸正中央，原油就从酱中过滤到竹制工具中，当地人把这种方法称为"自然浸出法"。然后将酱油静置澄清、过滤灭菌，最后装瓶上市。500千克黄豆才能出50多千克酱油，一瓶好酱油来得殊为不易。

从一粒黄豆，变成酱油，其间竟需要三年时光。三年的阳光雨露造就了它漂亮的棕红色泽和独特的风味，尝一口，味醇柔和，唇齿间的浓郁酱香久久不散，时间的味道令人惊艳。

酿造，究其根本是时间的艺术。酒也好，醋也好，酱也好，在恰当的时间开始，在恰当的时间停止，食物味道的广度和深度都发生了新的变化。严选原料，严谨酿造，不断调适，等待春播秋收，经历四时轮回，最终收获喜悦。其中颇为鲜明的是地域性特征，这条宽广大河流经之地都创造了非凡的酿造艺术。

夕阳照在四川泸州合江先市镇的酱油园里，阳光将8000多口晒露缸染上了金黄色；河风吹过带来酱油的香味。柯海洋/视觉中国

四川泸州合江县先市镇酱园　靖艾屏/视觉中国

陕西咸阳泾阳县境内的泾河　李军朝/视觉中国

云水深处一杯茶

陆羽所著《茶经》的第一句话就是："茶者，南方之嘉木也。"青翠的茶树遍布秦岭、淮河以南大部分地区的山坡高岗，那里气候湿润，土壤肥沃，适宜茶树生长。从唐代开始就已经初步形成了中国茶叶生产的格局。滚烫的茶汤里似乎蕴藏着山野无穷的芬芳，它由雨露阳光和古法技艺共同造就，它的魅力在于品饮的过程除了让人体会到复杂的味觉感受，还让心灵获得了难得的静谧与诗意。茶，因而成为中国人生活艺术的某种信仰。

由于气候和地理条件的限制，茶叶并不产于秦岭淮河以北的非酸性土壤地区。但在两汉时期，随着饮茶之风流行，茶叶通过进贡的渠道，从四川逐渐向当时的政治、经济、文化中心陕西、河南等北方地区传播。唐开元年间以后，中国的茶道大行，饮茶之风弥漫朝野，"穷日尽夜""遂成风俗"，且"流于塞外"。

茶，从饮品至商品，亦是自唐代始。彼时回纥与唐之间的贸易活动十分频繁，北方少数民族主要以马匹换丝绢，其间偶尔也会以马易茶。至宋代，北方民族才开始普遍饮茶，茶马贸易成为当时农耕民族与游牧民族进行物资交换的重要形式。在游牧民族的日常生活里，茶是断不能缺的物品。由于居住于苦寒之地，他们缺乏瓜果蔬菜，饮食以肉奶为主。食物脂肪含量高，热量高，缺点是油腻，不易消化。而茶叶所含丰富的生物碱、茶多酚和多种维生素，成为他们祛膻化食，补充维生素的良剂。所以，在不产茶叶的地方，茶叶却与游牧民族结下了不解之缘，以茶换马也成了历代王朝不变的商业模式。专门销往边疆地区的茶叶，被称为"边茶"，至今仍在源源不断地销往西藏、新疆、内蒙古等地。那些迢遥万里的茶马古道，虽已不见当年长长的商队，但关于茶的往事仍写满历史的书页。

泾阳茯茶：丝绸之路上的"黑金"

秦岭是我国气候的南北分界线。"自古岭北不植茶"，秦岭以北地区较寒冷干燥，不宜种植茶树，然而这句话还有下半句："唯有泾阳出砖茶。"是说只有秦岭以北的泾阳（今陕西省咸阳市）出产茯砖茶。泾阳茯茶，兴于宋，盛于明清和民国时期。数百年来，它与粮、奶、肉一起，成为西北地区少数民族生活的必需品。而且，它还是古丝绸之路上的重要物资，远销中西亚国家。

唐肃宗至德年间，在回纥地区开创了中国历史上茶马交易的先河。北宋统治阶层为了国防需要，在盛产马匹的西北地区开展茶马贸易，换取战马。"茶马交易"牵涉到汉族和诸多少数民族的关系，而且贸易活动必然与政治、经济、文化密切相连，这就使得"茶马互市"受到北宋统治阶层的高度重视，"以茶治边"的政策应运而生。中国西南地区是重要的茶叶产地，采摘下来的茶叶制成毛茶，以马帮为主要运输方式，运送到边疆，久而久之便形成了商贸通道——茶马古道。泾阳，正好位于茶叶西行并换回马匹的主道——陕甘茶马古道的枢纽位置。陕甘茶马古道是陕西商人在西北进行茶马互市的线路，到唐代时，这条古道与丝绸之路相连，成为丝绸之路的主要路线之一。泾阳不但处于东西走向的丝绸之路的起点上，也处于我国的中间地带，因而也就成了东西南北货运贸易的必经之地。几个世纪以来，泾阳的街道上时常出现这样的景象：各家商号的黑漆大门徐徐推开，马队和驼队在黎明前集合，整装待发，载满砖茶、土布、丝绸。一场远行即将开始，随着东家悠长地吆喝一声"走咧"，驼铃声便慢慢响彻远方。

弘治三年（1490年），明政府对陕西实行"茶叶开中"政策，即特许陕西商人开展"茶马交易"，将泾阳所产茯茶贩运到西北边关。据《甘宁青史略》记载，茯砖其叶采自湖南，其制造在陕西泾阳，叶粗而色黑。当时，陕西各大茶号每年春季都会派分号在湖南省安化县收购茶叶，装船经洞庭湖入长江，由长江入汉江，再由汉江进丹江，到龙驹寨后，用骡马驮

陕西咸阳生产的泾阳茯茶　刘帆/视觉中国

运到泾阳，此后必须由水路转为陆路，向南翻越秦岭、雪域高原进入康藏地区；向西则须穿越茫茫戈壁，进入新疆。为了方便运输，从湖南收购的散茶就在泾阳另行加工，压制成砖茶后外销。为了税收方便，早在明洪武初年即规定了茶砖规格，每一块必须是6斤4两。

　　泾阳茯茶制作工艺复杂，多达29道工序，例如剁茶、过箩、过筛、备水、熬茶釉、打吊、炒茶、灌封、捶茶、扶梆子、锥封、捆扎、检验、阴干、发花和干燥等，在漫长的集散、加工制作过程中，原先的黑毛茶压制成茶砖后出现了二次发酵，长出了金黄色的星状斑点，茶商们称之为"金花"。这些漂亮的"金花"是一种有益的真菌——"金花菌"，也被称为"冠突散囊菌"，它不仅重新塑造了茯茶的口感和香气，令汤色变得棕红，滋味醇厚，还赋予茶叶强大的降脂、清理肠胃功能。

　　起初，"金花"只形成于自然条件下，被视为珍贵神秘之物。后来人们在生产过程中慢慢发现，"金花"形成需要一些特定条件，比如它需要一定的温度才能生长繁殖，在运输途中被雨水淋湿的茶中更容易出现；它还需要足够的氧气，在压得过于紧结的茶砖中无法生长。于是人们刻意地去培养"金花"，在制作过程中增加了"发花"的工序。在这道工序

陕西泾渭茯茶 视觉中国

砖茶上长出的"金花" 王警/视觉中国

里，茶叶的含水量、含梗量、茶砖厚度以及周围的湿度和温度，都会直接影响"发花"质量，古时没有温度计和干湿仪，全凭工匠的经验和感觉来把握，所以这也是最考验制茶人手艺的一步。

带有"金花"的茯茶茶砖被认定为上品，价格自然也高于普通茶。然而要把这种如兰花般幽雅的"菌香"做出来，并不是一件容易的事。自明代洪武年间出现茯砖茶之后，泾阳在近六百年的时间里，因茯茶贸易而兴旺，西北茶商长期获利，而原叶产地湖南安化的茶商却收益不大。民国初年，安化的茶商试图在当地复制茯茶茶砖，但始终掌握不了关键的发花技术。直到新中国成立后，经过大量创新实验，安化才拥有了自己的发花工艺。而流传于泾阳的茯茶"三不制"——"离开泾阳水制不了、离开泾阳人制不了、离开泾阳气候制不了"，也恰恰说明了茯茶独特的风土属性。

南路边茶：川藏古道上的"茶"与"道"

如果说陕西泾阳是陕甘茶马古道的枢纽，那么四川雅安则是川藏茶马古道的起点。

川藏线，是中国西部重要的交通线路之一。然而在历史上，它却是一条因茶马互市而逐渐形成的四川与西藏之间以茶叶运输为主的商贸古道。在肩挑马驮的年月，这条以雅安为起点的茶叶大道上，纷纷飘散着关于茶的史话。

四川雅安荥经茶马古道石板路　视觉中国　　　　　　四川雅安边茶贸易相关雕塑　视觉中国

　　青衣江、周公河、陇西河、渍江河四水交汇，冲积出了由四川盆地向青藏高原过渡的一方小小河谷，雅安便扼守其间。它又被称为"雨城"，常年气候湿润，雨多雾多，极宜种植茶树。从西汉开始，雅安便成为我国西南地区著名的茶叶产区，知名的茶人吴理真就在蒙顶山种植茶叶，这也是人类有文字记载的人工植茶最早的地方。因此，雅安也被视作中国茶文化的发源地。明代，四川雅安等地设有管理茶马交换的"茶马司"。清代乾隆年间，为了进一步细化对边茶贸易的管理，朝廷规定雅安、天全、荥经等地所产深度发酵类黑茶专销康藏地区，这类黑茶被称为"南路边茶"。正是有了雅安源源不断地茶叶供给，一千多年来，边茶就像一条坚实的纽带，把藏汉人民紧紧地连在一起。逶迤千年的茶马古道时代虽已落幕，但这条通道仍是我国西部自然风光保留最好、最多姿多彩的民族文化走廊。

　　史料记载，清代每年输入西藏的茶70%以上来自四川，其中主要为雅安所产边茶。有人认为茶马古道是"历史上马帮驮茶走的道路"，实际上除了滇藏道主要行走的是马帮以外，走在川藏道上的其实主要是背夫和牦牛驮队。这条路，也是横断山脉里最艰苦的茶马古道，主要由人力运输跋涉，因此也催生了一种特别的工作岗位——背夫。

　　从雅安到康定的茶叶，由背夫一步一个脚印背运到达。背夫们一路艰辛将边茶背到康定，先在"茶关"完成纳税领取"茶引"，然后进城送入藏族人居住的院坝。汉地茶商与藏族茶商完成交易之后，人们会将茶叶重新包装，把竹篾从茶条上一一拆除，将松散的毛茶卸下来后进行紧压。"金尖"每条4块，每块5斤左右；"康砖"每条则是20块，每块1斤左右，

四川雅安名山区茶山风光　视觉中国

航拍四川雅安蒙顶山茶园　视觉中国

雅安黑茶　视觉中国

热气腾腾的西藏酥油茶，是藏族传统美食　视觉中国

再包裹上防潮、防破损的牦牛皮。同为紧压茶，"康砖"品质较高，主销川西和西藏，以康定、拉萨为中心；"金尖"品质略次，主销康定，并转销西藏边远地区。

康定至拉萨路途遥远，沿途海拔较高，还需翻越数十座4500米以上的高山，渡过无数的江河，单靠人力不可能完成茶叶的运输，于是便用骡马、牦牛来驮运。牦牛驮运的方式是"边牧边运"，即一边放牧一边运输，行进速度完全取决于牧场与牧场之间的距离，以及需要放牧的时间。这样走走停停，常常今年起运的茶，到第二年才能运到。海拔的递增，天气的骤寒骤暖，令茶叶在茶包中默默发酵，由青绿变得黝黑，以至于到达拉萨时，已经变成新的茶类——黑茶。藏族同胞极爱饮这种黑砖茶，火炉上成天搁着一壶热茶，喝时加一小撮盐，称之为清茶，这是比较普遍的一种喝法。另一种就是最具代表性的酥油茶。将砖茶煮沸后，加入酥油（从牛奶中提炼的脂肪）和盐，最后把它们放入细长的打茶桶中，用一根木棒用力搅打，使其成为乳浊液。砖茶富含鞣酸，刺激肠胃蠕动，加快消化，单喝极易饥饿，必须加酥油或牛奶。用南路边茶做的酥油茶，其茶和油经过28小时后依然交融，醇厚芳香，口感顺滑。

南路边茶是一种采用全株全季的手法进行组合的拼配茶，选生长期为6个月以上一芽五叶的成熟川茶中、小叶种茶叶，经粗加工后存放一年以上才能制作成品。其制作技艺，距今已有1300余年历史。从唐宋蒸青团饼茶到明代散叶茶，明末时又将散茶筑制成包，成为紧压砖茶，南路边茶已形成一套独具特色的制作技艺和标准，采摘、杀青、蒸揉、渥堆发酵、拼配关堆到设架筑包等，生产工序多达32道。尤其是发酵环节，前前后后历经四次，是整个

高原酥油茶　视觉中国

制作工艺的核心所在。比如渥堆是第一次发酵，趁杀青过后的温度，把茶叶都堆在一起，让杀青后的叶子开始发酵。发酵的温度需要精妙把控，如果温度太高则锅心的茶叶会烧焦甚至会自燃，如果温度太低又达不到发酵的目的，色、香、味无法完美转化。制茶工人眼观（观色）和手摸（试温）全凭多年经验，增之一分或减之一分，结果可能大不相同。

南路边茶的繁荣，造就了雅安百年不衰的商业神话。一代代商人因经营南路边茶而致富，有的甚至成了巨富。其中像义兴隆、天增公、孚和、永昌、姜家等几家大茶号都是经营了数百年的老店。这种商业格局，一直延续到20世纪80年代末。

今天，雅安生产的雅安藏茶，更是占到了西藏地区茶叶总销量的80%以上。南路边茶制作技艺亦被列入国家级非物质文化遗产名录，成为雅安茶产业的一张名片。

千百年来，朝代更替与世事变幻不断，但边茶贸易却从未中止。它所编织的庞大网络，将边疆与国内其他地区，以及中国与俄罗斯、南亚国家等连接在一起。与历史上政权之间的对立、冲突相比，寻常的茶叶带给人们的却是关于和平、友谊的美好记忆以及彼此间互助互惠、休戚与共的情感共鸣。

"硝花"在运城盐湖景区内争相绽放　姜桦/视觉中国

一段时光"盐"事

　　盐，一种存在于自然界的化合物。《说文解字》中记载："天生曰卤，人生曰盐。"它是"百味之祖""食肴之将"，没有了盐，生活将索然无味。然而它的用途远不限于烹饪，古往今来，盐不仅被赋予特殊的意义甚至引发过无数变革：荷马把盐称为"神赐之物"；柏拉图把盐描述为对诸神来说极为重要之物；盐曾是各国贵族阶级地位和财富的象征，也曾对文明的诞生有过极为重要的影响。

　　盐在中华文明的演进过程中扮演了举足轻重的角色。在中国古人的眼中，盐是无所不能的"绝世之宝"。甚至，中华民族的形成都与盐息息相关。在古代，"得盐者得天下"，有学者认为，正是因为对盐的争夺导致了原始部落合并，在此基础上诞生了中华民族，进而有了中国。

　　《史记·五帝本纪》记载，炎帝和黄帝此前是两个互相竞争的原始部落的首领，但是在争夺盐池的阪泉之战后，他们决定联手，最终打败了东夷九黎族的蚩尤。此后，中国的各个部落开始走向联合统一，形成了中华民族。史学家钱穆经过考证，在其20世纪40年代出版的《国史大纲》一书中提出："阪泉位于山西解县盐池上源，附近有蚩尤城、蚩尤村及浊泽，一名涿泽，即涿鹿矣。"解县盐池是中国最早发现并利用的自然盐池之一，又称"河东盐池"。

这一场著名的"盐之战"发生后，历史上因盐而起的战争屡见不鲜。洁白的盐中蕴藏着惊人的财富与力量，无形中成为国家整合的推手、文明存续的根本。

运城盐湖：遥远的文明之光

事实上，黄河中游地区文明产生的一个原因正是盐。山西运城盐湖周围50—200千米的范围内，发现过十余处远古人类活动的遗迹，是充足的食盐资源把原始部落慢慢吸引到产盐地附近，从而形成了最初的文明。以夏朝解池（今运城盐湖）为中心，以半径250千米画一个圆，会发现：尧都平阳（今山西省临汾市）、舜都蒲坂（今山西省永济市）、禹都安邑（今山西省运城市夏县）以及夏朝的诸多都城，几乎都在这个圈内。钱穆认为，解池是古代中原各部族共同争夺的目标，谁若占领了解池，不仅能保障盐的稳定供应，更能以此为筹码，竞逐部族领袖，获得各部共尊的崇高地位。

相传，《南风歌》是舜帝所作："南风之薰兮，可以解吾民之愠兮。南风之时兮，可以阜吾民之财兮。"讴歌的便是解州（今山西省运城市）的盐池。解州拥有一座巨大的盐池——解池。它的总面积达132平方千米，盐层会自然结晶，是不易枯竭的盐源。仲夏时节，人们从解池引水至盐洼，当南风吹拂时，一天一夜便会生出盐花，当地人谓之"种盐"。千百年来，这一传统未曾改变。自古以来人们就在解池晒盐，然后将盐运往各地。

研究表明，中华文明发祥于远离海洋的黄河三角地带，与运城盐湖的存在有着极为密切的关系。因其古老而又意义重大，中华文明为这方盐池赋予了一个供其独享的汉字——"鹽"，它音同"古"，所以盐池又名鹽池。"先有盐务，后有运城。"盐铁是古代国家极重要的资源，民生、经济之命脉。为保护盐池，防止私采滥卖，"运城"这座盐运之城因此而生。战国时期，这里被称为"盐氏"；汉代改称"司盐城"；宋元时为"运司城"；元末，此地正式修筑城池，后被称为"运城"，这个名字沿用至今。

运城盐湖是一个古老的内陆咸水湖，南临中条山，北临涑水河，东西长30千米，南北宽3—5千米，湖内有五大滩，包括东部的鸭子池、汤里滩，西部的硝池滩、北门滩以及六小池。作为世界上著名的盐湖，运城盐湖含盐量较高，人可以漂浮在湖面而不下沉。隋末唐初，盐湖地区的制盐工艺已经比较成熟，工艺可细分为集卤蒸发、调配、储卤、结晶、铲出

航拍运城盐湖美景　尚建周/视觉中国

运城盐湖绽放出美丽的"硝花"　视觉中国

山西运城色彩斑斓的盐湖　薛俊/视觉中国

工人正在运城盐湖铲收潞盐　薛俊/视觉中国　　　　　　　　　运城盐湖呈现出五彩斑斓的景象　薛俊/视觉中国

五个步骤，即五步产盐法，亦称"垦畦浇晒法"——像种庄稼一样"种盐"。这套工艺改变了盐湖千百年来"天日曝晒，自然结晶，集工捞采"的自然生产方式，是盐业生产技术发展的重大进步，也是中国盐业生产史的一个划时代标志。到宋代，此法传到了沿海，取代了那里的煎煮成盐法。

五步产盐法在技术上最大的改进就在于添加淡水来去除食盐中的杂质。此外，阳光曝晒和"盐南风"在日晒成盐过程中，均为极重要的天时助力。宋代沈括记载："解州盐泽之南，秋夏间多大风，谓之'盐南风'。其势发屋拔木，几欲动地。"而且这种大风只在这个区域出现，盐田上空飘浮的水蒸气被南风吹走，肉眼就能看到食盐结晶的出现，可谓"一夕成盐"。柳宗元的"回眸一瞬，积雪百里"，形容的就是这一奇景。

如今的运城盐湖已经"退盐还湖"，从高空俯瞰，盐湖在阳光的照耀下呈现出玫红、橙黄、墨绿的颜色，如同天然的调色盘，逐渐恢复的生态环境吸引了美丽的火烈鸟等100余种鸟类在此繁衍生息。而冬季的盐湖洁白素净，"硝花"凌寒怒放，如冰雕，如珊瑚，凝结成无与伦比的大地美景。

寿光盐场：一颗海盐的前世今生

《中国盐业志》中介绍："世界制盐莫先于中国，中国制盐莫先于山东。"相传，我国最早的制盐技艺，来自上古时期的夙沙氏。正是因为他的一个无心之举，将海水煎煮成了卤水，于是得到了最初的盐，这也成为人类由渔猎时代走向农耕时代的重要里程碑。夙沙氏生活于现今山东寿光一带，这里自古就是我国极为重要的产盐区域。

要想探寻一颗海盐的前世今生，不妨漫步于寿光的盐场。不同于运城盐湖，这里的盐田仍在生产作业。盐田宛如一幅幅画布，被分割成无数的小方格，呈现出一种几何美。盐场工人们在盐田中穿行收盐，每一步都是精准的一笔，勾勒出完美的图案。运盐车来回穿梭，雪白的"盐山"越堆越高。截至2023年底，山东原盐产能约占全国总量的30%，海盐年产量更是超过全国海盐年产量的70%。而寿光的菜央子盐场则是山东省极为重要的产盐基地。

考古资料表明，寿光北部沿海地区用地下卤水制盐的历史可追溯到商周时期，距今已有三千多年。卤水制盐技艺，是以地下卤水为原料，利用煮、煎、熬或滩田暴晒等方式，制取饱和卤水，进而结晶制取原盐的传统技艺。商周时期，用陶罐收卤水薪火煮熬，水分蒸发后，剩余白沫为盐，这种方法被称为"煮海为盐"；汉代，改为煎盐，煎盐要先淋卤、制卤，后用盘煎，置盘于灶上，每昼夜可煎盐六盘，每盘得盐百斤；明代又改用铁锅熬盐；清初，开始滩田晒盐，这种工艺较为简单，所得盐的成分并不纯净。20世纪50年代初，制盐工艺大为改进，卤度计量表的使用保证了盐的质量。寿光卤水制盐技艺所用工具虽然各有不同，但制盐工序基本一致，修滩、上水、制卤、结晶、收盐，一道不差，这是世世代代寿光制盐人认识自然、利用自然的智慧结晶。

寿光制盐历史悠久，饮食文化也与盐结下了深缘，这里几乎家家都有数口盐水大缸。用海盐腌过的螃蟹、虾、蔬菜，口感清爽，咸香适宜，是寿光人的最爱。腌好的老咸菜色泽黑红、油亮，回味悠长。又因味道鲜美，老咸菜身价倍增，比猪肉价格还高，所以在当地又有"一斤咸菜两斤肉""送烟送酒不如送咸菜"的笑谈。

自贡盐井：时间的千米沉潜

生活在海边的人们获取盐较为容易，因为大海就是一个巨大的天然"盐库"。时至今日，我们日常食用的盐依旧以海盐为主。但是，深处内陆的古蜀地区，远离海洋，群山耸立，更有"难于上青天"的蜀道，海盐进川几乎不可能，那么古蜀人是如何解决用盐问题的呢？大自然赠送给他们一份珍贵的礼物——井盐。

谈及古蜀井盐，绕不开地处四川南部的自贡。自贡地区在数亿年前曾是一片汪洋大海，随着经年累月的地质变化，沧海易为桑田，并在地下岩层中留下了丰富的盐岩、天然气以及石油资源，泽及后人。两千年前生活于自贡的先民发现了两亿年前"埋藏"于此的珍宝——盐卤，从东汉到清朝，他们凿井取卤，穿越千米岩层，对这种稀缺物质展开孜孜不倦的追求，创造了当时钻井的最高成就。"自流井"和"贡井"既是井名，亦是地名。"自贡"之名，便来源于这两口盐井的名字。

民国时期，自贡盐场引起了当时社会的赞叹，前人为这座规模宏大的中国工场手工业重镇，创造出井、灶、笕、号四大门类完备的产业体系。这个在19世纪中期就确立了顶峰地位的中国手工业产业集群，造就了中国井盐生产无可争议的技术中心地位。

想要取盐，必须先打井，所以自贡开采井盐的历史也伴随着打井技术不断优化的发展史。起初人们挖的井比较浅，后来随着不断使用，卤水水量开始减少，因此人们需要继续钻井才能获得更多的卤水。从卤水到食盐大约需要经历采卤、输卤、提卤、浓卤、煮卤、煮盐这六个步骤。每个步骤都需要大量的人力和物力。随着井盐开采技术的越发成熟，到了明清时期，自贡的井盐生产技术已经达到了专业级别。当地先后开凿了1.3万多口盐井，这也使自贡成为晚清时期输出食盐最多的地方。

自贡井盐深钻汲制技艺起源于东汉。北宋年间则采用顿锉钻凿技术，集各种凿井技术和实践探索于一体，凿出了一种新型的小口径盐井"卓筒井"，在全世界范围内率先使用钻头、竹制套管和安装了单向阀门装置的汲卤筒。卓筒井的出现，使钻井技术产生了新突破。自贡市盐业历史博物馆收藏的二十余种顿钻钻头，能够穿凿多种岩层或增加井深，足以开采三叠系地层中的黑卤、岩盐和天然气。明清时期，四川井盐生产工艺突飞猛进，被列为"全国重

自贡燊海井　小禅斋/视觉中国　　　　　　　　　抽取卤水时的动力传送设备　小禅斋/视觉中国

点文物保护单位"的世界第一口人工钻凿的超千米深井——燊海井，既产盐卤，又产天然气，
"水火两旺"。自1835年燊海井井深首次突破千米后，清咸丰年间凿成的盐井普遍达到千米
以上。其伟大的工匠精神还体现在盐井修治技术上，这种技术既可以修补井内岩层垮塌形成
的空腔，又可以修补井壁岩层出现的裂缝；既可将凿井或汲卤过程中断落井内的设备打捞出
井，又可将卡在岩缝中的锉或埋在井内岩石和泥土中的杂物取出……操作方法之奇妙，技术
之精湛，令人瞠目。

　　尽管时过境迁，昔日"天车林立，锅灶密布"的繁华景象已随风而散，但世世代代采盐
人的巧思与苦干精神，仍然深深烙印在自贡这座西南小城里。

工人们正在运城盐湖里铲收原盐　薛俊/视觉中国

数字里的沿黄河九省（区）非遗

黄河流域从西到东横跨青藏高原、内蒙古高原、黄土高原和黄淮海平原四个地貌单元，分别流经青海、四川、甘肃、宁夏、内蒙古、陕西、山西、河南及山东9个省和自治区，非遗项目数量在七大流域非遗项目总数中排名第二，仅次于长江流域，其中传统技艺类数量最多。这些世代相传的珍贵技艺一直是人类文化不可分割的一部分，也是了解不同社会文化遗产的窗口。而传统技艺中的饮食制作与保存技艺又位居第一，可见黄河流域的人们对美食的热爱从古至今未曾消减。冶锻烧造技艺主要集中在山西、山东、河南、甘肃四省，因为这里是黄河流域铁矿的主要分布地带，传统技艺十分依赖原产地，难以迁移。黄河流域亦是民族大交融的区域，其中藏族、蒙古族、彝族贡献了品类丰富且精美的弓箭、腰刀、毛皮刺绣、金银锻造等制作技艺。

沿黄河九省（区）国家级非遗项目（传统技艺类）数量示意图

山东省 19种　青海省 11种　四川省 38种　甘肃省 12种　宁夏回族自治区 7种　内蒙古自治区 15种　陕西省 12种　山西省 35种　河南省 14种

沿黄河九省（区）国家级非遗项目（传统技艺类）细分类占比示意图

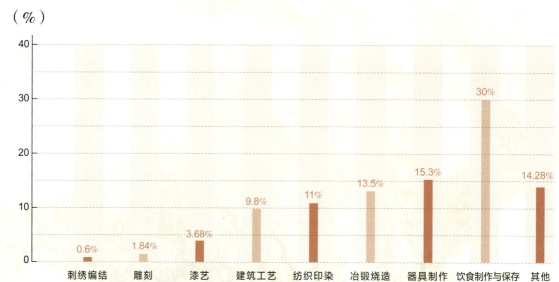

（%）

- 刺绣编结 0.6%
- 雕刻 1.84%
- 漆艺 3.68%
- 建筑工艺 9.8%
- 纺织印染 11%
- 冶锻烧造 13.5%
- 器具制作 15.3%
- 饮食制作与保存 30%
- 其他 14.28%

图片设计：kiki

大美之器，山东手造

　　山东，钟灵毓秀的齐鲁大地，岱青海蓝间沉淀着文化，一陶一瓦里深藏着故事。截至 2023 年底，山东共拥有 186 项国家级非物质文化遗产项目，数量位居全国第二。

　　山东人不仅读书尚武，手上功夫也十分了得，只要有山东人的地方，就有剪纸的身影；杨家埠木版年画第一批进入国家级非遗名录。除此之外，潍坊风筝飘逸灵动，龙山黑陶古朴敦厚……它们都是岁月的见证，在守正中亦有创新。

山东省国家级非遗项目（传统技艺类）分布表	
淄博市	周村烧饼制作技艺　周村丝绸染织技艺　淄博陶瓷烧制技艺　琉璃烧制技艺
潍坊市	潍坊风筝制作技艺　潍坊嵌银髹漆技艺
泰安市	豆腐传统制作技艺
德州市	德州扒鸡制作技艺　德州黑陶烧制技艺
招远市	龙口粉丝传统制作技艺　黄金溜槽堆石砌灶冶炼技艺
寿光市	卤水制盐技艺
安丘市	景芝酒传统酿造技艺
曲阜市	孔府菜烹饪技艺　琉璃烧制技艺
临清市	临清贡砖烧制技艺
莱芜区	亓氏酱香源肉食酱制技艺
嘉祥县鄄城县	鲁锦织造技艺

后　记

　　《黄河大系·民艺卷》如期付梓，离不开各位参与同仁的共同努力，特在此一一致谢。以下撰稿作者排序，参照内文章节排序。

　　第一章撰稿：沧浪、孔雪、公梓蒙、舒泥；第二章撰稿：孔雪；第三章撰稿：李婷；第四章撰稿：孔雪；第五章撰稿：李婷；第六章撰稿：井宏宇；第七章撰稿：王砚。

　　此外，还要感谢图片编辑叶香玉的辛苦付出。

　　在成稿过程中，难免有疏漏之处，还请各位读者批评指正。

编　者

2024年3月

出版说明

山东是黄河流域唯一的沿海省份、黄河流域最便捷的出海口，因此被赋予"发挥山东半岛城市群龙头作用，推动沿黄地区中心城市及城市群高质量发展"的国之重任。由此也可见山东在新时代黄河流域生态保护和高质量发展战略中举足轻重的地位。

为认真贯彻落实好习近平总书记关于中华优秀传统文化"两创"的重要指示精神和对山东"三个走在前"的重要指示要求，充分发挥出版界的内容资源、作者资源、品牌资源优势，以精品力作书写新时代黄河精神，使读者能够从历史和专题的角度，生动立体地来认识黄河、了解黄河、感知黄河，更好地传承弘扬黄河文化、提升发展质量，进而为中华民族的伟大复兴提供精神动力和智力支持，按照山东省委、省政府部署，山东省委宣传部策划、山东出版集团组织实施了《黄河大系》的编纂出版。

《黄河大系》为山东省习近平新时代中国特色社会主义思想研究中心重大项目，同时列入山东省社科规划重大委托项目。山东省委常委、宣传部部长白玉刚对项目高度重视，提出明确要求。山东省委宣传部分管日常工作的副部长袭艳春，山东省委宣传部副部长、一级巡视员魏长民对项目编写作出具体指导。《黄河大系》共十二卷二十册，由山东出版集团所属的七家出版社共同承担出版任务。分别是：

《图录卷》精选存世的汉代至1911年关于黄河的历史图画，提纲挈领地体现黄河文化的整体感和黄河文明的立体性，画龙点睛，展示黄河文化的博大精深与兴衰起伏。（齐鲁书社，1册）

《文物卷》分为陶器、玉器、青铜器三册，以历史时期的黄河流域为时空依据，以物说文，精彩阐释黄河作为中华民族母亲河的文化象征意义和厚重典雅的文明积淀。（齐鲁书社，3册）

《古城卷》选择黄河现在流经的主要古城，解说以这些古城为代表的中华优秀传统文化和重要历史遗产，为触摸黄河文明提供实体参照和文化坐标。（山东画报出版社，1册）

《诗词卷》收录中华人民共和国成立前吟咏黄河及其相关重要人文遗迹、重大事件、历史人物、风物民俗的诗词，以古典诗体作品为主。（山东文艺出版社，3册）

《书法卷》以时间为坐标，以书法艺术为参照，梳理展示黄河文化的深厚源流和传承脉络，从文体风格到作品内容实现高度融合。（山东美术出版社，2册）

《绘画卷》古代卷体现黄河文脉孕育的数千年文化精神成果，现当代卷体现黄河精神的发扬创新和时代风貌，用丹青成果再现黄河文化的灿烂辉煌。（山东美术出版社，2册）

《戏曲卷》梳理沿黄河九省（区）戏曲脉络，详述代表性剧种的源流变迁、著名演员、代表剧目及本省（区）戏曲界重大事件等。（山东人民出版社，2册）

《民乐卷》主要展示黄河流域的民间歌咏、器乐、曲艺，精选二十七个国家级"非遗"品类，阐述其文化根源、艺术特点和历史沿革。（山东友谊出版社，1册）

《民艺卷》主要收录黄河流域国家级"非遗"项目中的传统美术类、传统技艺类代表性项目，挖掘、展示黄河文化孕育的传统手工艺的文化内涵与美学价值。（山东友谊出版社，1册）

《民俗卷》重点展现沿黄河九省（区）国家级"非遗"项目中的民俗类代表性项目，阐发黄河流域民俗诞生、发展与黄河的血脉之情。（山东友谊出版社，1册）

《水利卷》详细介绍自古以来黄河水利发展历史，系统展示中华民族探索黄河、认识黄河、开发利用黄河水利的历史，以及黄河流域生态保护和发展的思想史。（齐鲁书社，2册）

《生态卷》重点介绍黄河流域生态特点、生态治理与可持续发展等内容，并对流域生态治理与高质量发展提出建议与对策。（山东科学技术出版社，1册）

这十二卷图书内容各有侧重、自成体系、交相辉映、相辅相成，力求展示黄河文化多元立体的生动厚重形象。

尽管我们怀着美好的初衷，做了不少努力，但是不足之处在所难免，诚恳希望读者和各界朋友批评指正。

山东出版集团

2024年3月